大展好書　好書大展
品嘗好書　冠群可期

大展好書　好書大展
品嘗好書　冠群可期

實用武術技擊：11

峨眉拳實用技擊法

吳信良　著

大展出版社有限公司

作者曾獲得的全國及四川省武術比賽各單項冠、亞軍獎牌

作者曾獲得全國及省、市武術比賽各單項冠軍 15 次

作者專著

左　加拿大國家武術隊
總教練、哥倫比亞大學
終身教授、國際散手道
聯盟主席　梁守渝先生
中　作者
右　北美洲功夫聯盟副
主席、美國武術隊教
練、北美擒拿王　楊明
星先生

作為總教練為四川省公
安廳培訓保安學員

作者率峨眉武術代表隊
在深圳錦繡中華參加少
林、武當、峨眉三大武
術精英會演

同部分少林武術精英合影　　　　表演奪匕首

實戰訓練

在 2002 年全國少林、武當、峨眉三大武術精英賽中，
作為峨眉派教練與少林、武當弟子合影

同峨眉弟子在峨眉山金頂表演現場留念

進行功法表演

演練醉劍

前　言

　　經濟改革的大潮造就了大批能人智士、致富了千千萬萬人，人們因爲有了發家致富的機會而紛紛遠離家園；千百年來足不出戶的婦女也因爲社會提供的公平競爭環境而走上街頭，跨入社會……

　　然而，君不見，色情圈套，敲詐勒索，撬門入戶，攔路搶劫，謀財害命，販人綁票等犯罪惡行時有發生。少男少女總不能時時不離父母兄長，靠勤勞致富的人們終不能處處得佑於朋友鄉親……

　　龜縮在家只能一事無成，欲圖生計，必與惡行抗爭，除學會運用法律手段來保護自身之外，欲圖時時自保，還須掌握自強自保之功夫。

　　本書正是針對當今社會的各種犯罪惡行，運用峨眉武術千百年來秘不輕傳的防身自衛絕學，教會大家在各種各樣的環境條件下學會自保；學會利用隨身物品和隨處可得的各種器物，利用力學原理，以最簡捷易練的招術，攻擊犯罪分子的最薄弱處，從而眞正收到一招制敵的神奇效果。

著者

內容提要

少林、武當、峨眉武術爲中華武林中的三大流派，在武林界中知名度甚高。但是，由於各方面的原因，以以小勝大，以弱勝強，招式怪異，出招陰毒而著稱於世的峨眉武術卻傳世甚少，千百年來秘不輕傳，更不容不軌之徒稍有窺視。

爲了使正道之士增強防身自衛能力，打擊邪惡，作者將自己多年來對峨眉絕學的潛心研究成果公諸於世。

本書根據不同的犯罪性質將防身制敵技術分爲一擊重創術和一招制敵術兩大部分。

一擊重創術主要針對攔路搶劫、販人綁票、謀財害命等罪行惡劣、傷害性大的犯罪行爲，分爲徒手搏鬥術和器械運用術兩大類。

一招制敵術主要針對偷盜、色情引誘、敲詐勒索等謀財不害命的犯罪行爲，利用運動力學原理，以擒拿和反擒拿技術來制止犯罪，擒獲犯罪分子。

作者簡介

　　吳信良，男，漢族，生於 1951 年。自幼習武，峨眉派武學大師、中國武術七段、國家級散打裁判、中國體育學會武術分會委員、四川省武術協會峨眉武術工作委員會主任、四川省第一任散打教練、四川省僑光東方文化科學研究院研究員。

　　曾獲新中國成立以來全國規模最大的民間傳統武術比賽——全國武術觀摩邀請大會，1979 年通臂拳銀牌、1980 年醉拳金牌、1981 年醉劍金牌各 1 枚。

　　歷年來曾獲省、市級武術比賽各單項冠軍 15 次，所培養的散打運動員獲全國和省級比賽各級別冠亞軍數十人。

　　歷任四川省武術散打錦標賽總裁判長，全國散打錦標賽裁判長。

　　著有《峨眉散打術》《峨眉功實戰精擇》《醉拳、醉劍和醉棍》《實用女子防衛術》《實用防身秘術》《擒拿自衛》《防暴格鬥》《實用摔法招招絕》《實用拿法招招絕》《世界搏擊精粹》（一套 3 本）等 13 本個人專著，在《武林》《中華武術》《武術健身》《拳擊與格鬥》《體育愛好者》《電影作品》等雜誌上發表各類論文、文章數百篇。

　　影視方面，曾作為演員參加電影《南拳王》的拍攝，擔任電影《警官與偵探》《布達拉宮秘史》武術設計。

　　擔任電視劇《古堡恩仇》《江南試劍》《拳師恩仇記》《妹妹呀你莫要慢些走》《鬼城槍聲》《愛火情仇》（26 集連續劇）等片的武術設計。

自任編劇和導演，拍攝武術教學片《峨眉散打術》4集、《中華武術實戰教材》1集、《中華武術養生系列片》3集、《女子功夫》2集、《峨眉拳一、二路》1集。2004年7月在人民體育出版社出版《峨眉武術系列片》17集。

目　錄

第一章　一擊重創術

第一節　一擊重創的必要條件

面對攔路搶劫、刀逼綁架等既謀財又害命的惡劣犯罪行徑，我們既不能膽怯畏縮，更不能存婦人之仁。然而怎樣才能在最短暫的時間內，運用最簡捷的技法懲治惡人，以徹底解除惡人對我們的威脅呢？

答案只有一個。即既要熟知人體最脆弱、最不堪一擊的要害，還要擁有擊打要害處的攻擊能力和準確無誤的技術方法。然而，「紙上得來終覺淺，絕知此事要躬行」，在錯綜複雜、變幻萬千的現實社會中，要得心應手地運用這些自衛的方法，以達到懲惡自保的目的，不下一番苦功是絕對不行的。首先，需要我們下工夫來熟記的是人體的各大致命要害處。

一、了解和熟記人體要害

中華武術能千古不衰，深受人們喜愛，一方面得益於它健體強身、延年益壽的保健功能，另一個原因，恐怕應歸功於它能以弱勝強、以少勝多的特殊技擊功能。

優勝劣汰，大力勝小力是社會競爭前進的不變真理，然而武術的特殊技擊功能為什麼能反其道而存呢？深究個中奧秘，很容易就能發現，武術的以弱勝強，以少勝多，其實在

很大程度上是依賴於對敵人要害處的攻擊。同為父母生養的人體，個體的差異雖有高矮、胖瘦的不同，然而要害之處卻是同樣不堪一擊的，例如人的眼睛，並不因為你的威猛強壯而能承受一指之戳。正因為如此，本書首先要介紹的是——人體各大要害。

① 眼睛

眼睛周圍的神經豐富（圖 1-1），具有特殊的眼心反射現象。眼球受壓會致人心跳減慢，全身頓時乏力。眼晶體十分脆弱，極小的插戳之力即能令其破裂解體，眼球迸裂常致人因巨痛而休克。此外，眼睛還是人體對外界事物反應判斷的關鍵。任何一個微小的干擾動作都會使人本能地眨眼，然而正是在這一眨眼之間，就為我們的凌厲攻擊創造了有利時機。

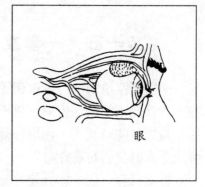

眼

圖 1-1

② 喉

喉結為人的呼吸要道，喉結兩側有至關重要的壓力感受器——頸動脈竇（圖 1-2）。相傳 18 世紀歐洲流行立領燕尾西服，經常有身強力壯的年輕紳士突然莫名其妙地昏

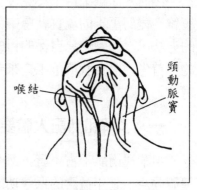

喉結　　頸動脈竇

圖 1-2

倒，甚至猝死，對此，人們百思不得其解，因為昏倒或死去的紳士以前並無疾病。經過很長一段時間的觀察和研究，人們才終於發現，兇手竟是那又高又硬的立領，是紳士們頭部轉動時立領壓迫了人體的頸動脈竇，才導致了悲劇的發生。

　　呼吸道被扼或喉結下方會厭穴處被擊傷，均會致使呼吸道受堵，人體因急劇缺氧而喪失力量、重則使人因窒息而死亡。而頸動脈竇若被直接擊中，輕則會反射性地使人心跳減緩，全身頓時乏力；重則令人立即昏厥休克。

③　耳

　　耳鼓膜直接與大腦位聽神經相連（圖1-3）。若耳鼓膜被震破，會使人因劇痛致死，扇耳光等攻擊方法對耳的危害性最大。

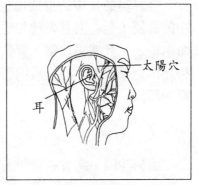

圖1-3

④　頸　部

　　耳根穴以下，肩部以上。頸椎係人體感覺神經和運動神經的必經之處，且頸部肌肉相對虛弱，強力扭轉或猛力擊打都可能造成頸椎錯位而損傷頸神經束，引起人體立即癱瘓（圖1-4為典型的砍頸動作）。

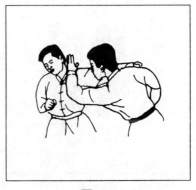

圖1-4

5　太陽穴

頭部重要穴位，腦靜脈暴露之處（圖1-3），極易為利器所傷。若此處遭到攻擊，會致使頭部靜脈破裂、堵塞，迅速使人昏厥以致死亡，故我國古代拳經中「八不打」曰「一不打太陽為首」。

6　後腦

腦神經最集中的重要部位（圖1-5）。特別是處於後腦中的延髓，是心血管系統和呼吸系統的中樞，被人稱為「生命中樞」。此處被攻擊，會致人死亡。僅強烈震動就會致人昏迷休克，故現代散打規則將後腦、頸部、襠部列為嚴禁攻擊的部位。

7　心窩

俗稱斗口。胸骨劍突下方，胸肋正中無骨骼保護區（圖1-6），此處係心血管的主要出入路徑。透過解剖圖圖1-6

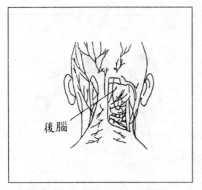

圖1-5

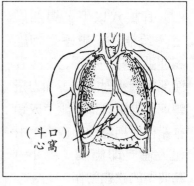

圖1-6

我們可以看到，心臟的下垂心尖部位恰好處於此處。此處由於無骨骼保護，故一旦遭到攻擊，極易造成心絞痛甚至七竅出血。

⑧　兩側軟肋

肝、脾、膽、胰腺所居之地（圖1-7）。此處不僅重要器官集中，而且保護層極其薄弱。特別是身體側後部位，強力攻擊常可造成肝、脾、膽破裂而出現生命危險。

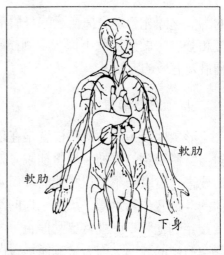

圖1-7

⑨　下　身

男性重要的生殖器官（圖1-7），神經十分豐富，且脆弱敏感。尤其是睪丸若被擊破，會迅速使人劇痛而亡，故現代散打搏擊比賽中，此處被列為嚴禁攻擊之處。

二、如何增加攻擊的力度和強度

俗話說：「一力敵十會。」在日常生活中，大力勝小力的例子隨處可見。正因為這樣，社會上以大欺小，恃強凌弱的事件屢見不鮮。對於相對弱小的正直公民來說，花一定的時間來增強體質，促進力量發展固然必不可少，然而一天忙於公務，忙於生計的人不可能將大部分時間花費在鍛鍊身體上，這就給我們提出了這樣一個難題，如何才能在遭遇歹徒

的臨危之際充分地發揮自己的身體潛能，增大自己的攻擊力度和強度，做到臨危不懼，手到擒敵呢？這裡為大家介紹 3 種最為有效的方法。

① 透勁擊穿法

形象地說，透勁擊穿法就是在攻擊歹徒時，自己要有將對方身體擊穿的狠勁。具體地說，如你欲攻擊對方的胸部斗口要害，實戰中不能只將他的斗口穴作為目標。因為若你將他的斗口穴作為目標，那麼，你的拳法可能將攻擊的距離長度預定到他胸口處就會自動停止，而實戰中常常是當你的攻擊拳發出的瞬間，對方會本能地後閃一點，這一閃常常會使你的攻擊拳落空，即使打中，也只能傷點皮毛，不可能造成重創。

正確的做法是，攻擊對方，在任何時候都只能將其身體看成是一層裝飾紙、一個軟掩體，而把真正的攻擊點放在穿過其身體的最後方。如，直拳攻擊胸部斗口穴，真正的攻擊點應放在背心處，如圖 1-8 所示。頂膝攻擊襠部，真正的攻

圖 1-8

圖 1-9

圖1-10

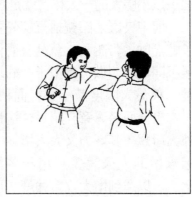

圖1-11

擊點應放在後背（圖1-9）。邊腿擊右肋，真正的攻擊點應放在左肋（圖1-10）。劈拳砍擊左頸部，真正的攻擊點應放在右頸側（圖1-11）。只有這樣，才可能獲得最大的攻擊沖量，得到最佳的擊打效果。從運動力學的觀點來看，在速度和質量不變的情況下，增加攻擊距離，也就增大了攻擊的力度，而透勁擊穿法實質上正是有效地運用了這一原理，實戰中所以最容易將人打傷。

② 點擊法

在日常生活中，大家都熟知這樣一個現象，你要用拇指將圖釘按進牆壁自然是一件十分輕鬆容易的事情，而要用拇指將一根釘子按進牆壁，卻是難上加難，甚至會被認為是不可思議的事，為什麼會這樣呢？由力學原理我們知道，壓強＝力量／截面積。也就是說，用最小的接觸面去攻擊敵人的身體，同樣的力量可以獲得最大的擊打強度。正因為這樣，針對巴蜀人民身材矮小的特點，峨眉派武術的以弱勝

強，以小勝大的一大秘旨就是逢敵「指掌當先」。

前中央國術館號稱三國先生（國醫、國學、國術）的趙子虬老師曾告訴我：舊社會盛傳用拳打死牛的拳師，其實都離不開一種叫做「指搬子」的玩意兒。這種指搬子實際上就是一種最大限度減小擊打面積，增大硬度的一種小型利器（本書後面將專章介紹）。這種器械戴在手上，既不容易為外人所窺，其威力又大大增強。對於那些忙於生計，平時掌指嬌嫩的人來說，利用一些簡單實用的器械（甚至是鑰匙），以達到增大攻擊強度的目的，也不失為一種很好的方法。

③　快速攻擊法

「手快打手慢」「快打慢，急打遲」「一快遮百醜」，歷代搏擊高手都十分重視實戰中如何提高運動速度這個問題，特別是通過選擇最佳攻擊時機中對時機的分析。我們知道，動作速度的加快，就人為地減少了「舊力略過，新力未生」的被動時間，就為把握攻擊時機提供了物質條件，特別是起動速度的加快，在實戰中具有更大的實際意義。當起動速度快到一定程度時，對方明知道你發動了進攻，也可能措手不及，被動挨打。

說起來，這似乎是有些玄，但其實不然，因為任何人對事物的反應，總是要經過：感覺器官洞察事物的發生……→傳入神經的傳遞……→大腦中樞神經的綜合分析和判斷後下達指令……→傳出神經的傳遞……→效應器（如手腳來執行這些指令）這五個環節，這個過程我們把它統稱為反射弧。

這五環節之間的傳遞是靠神經突、軸突釋放一種化學物質（乙酰膽鹼）來完成的，是反射弧中耽誤時間最長的環

節，生理學上把它叫做軸突延擱。軸突延擱的時值長短表示了一個反應性的高低，它隨著訓練水準的不同而有所改變，正常人一般 0.2 秒左右，訓練有素的運動員可能短到 0.15 秒左右，正是這種延擱使人在突發的攻擊面前常常感到措手不及。正因為如此，努力提高人體神經的興奮性和靈活性是十分必要的。

另外，從攻擊的效果來看，一方面取決於攻擊點截面積的大小；另一方面決定於質量和加速度的乘積，即，在質量和截面積一定的前提下，加速度越大，攻擊力和傷害性穿透力越大。小小的子彈頭正是由於它的加速度大而獲得對人體的洞穿力的。

欲提高運動速度和攻擊速度，可採用負重訓練法，即在四肢綁上一定重量的沙袋，全力快速的 10 組拳打腳踢的組合方法，每組每次 10～20 秒，組與組之間間隔 10 秒。這樣，當你去掉沙袋以後，運動速度就會顯著提高。提高了人體的運動速度和連貫性，將明顯地減少被動挨打的時間間隔，為你的攻擊增大威力，從而為實戰提供有利的條件，但並不能說就能讓你穩操勝券。要想真正穩操勝券，還得從減少反射環節、提高起動速度和意動單位三方面入手方能辦到。

減少反射弧的環節就是將本應由大腦高級中樞神經來完成的綜合、分析、判斷等過程交由脊髓低級中樞來完成。簡單一點說，就是將針對人體正、側、背三面，上、中、下三部所常見的動作反應練到下意識、自動化的階段，練到像嬰兒看見奶嘴就會吸吮一樣，完全不需大腦的判斷而自動做出反應。「拳打千遍，身法自現」，要想真正做到這一點，就得把各種攻防方法根據自身的生理特點加以選擇訓練，切記「不怕千招會，就怕一招熟」這句拳諺。只要是適合你自身

特點的打法，哪怕只有幾招，一旦練得精熟，就自然成為了「絕招」。這就像寫字一樣，開始一定要認真臨摹，做到形似。經過千萬次的刻苦學習，逐漸進入神似階段，最後在不同場合的運用下，能舉一反三，而最終達到出神入化的爐火純青之境界。在重點掌握的基礎上，再全面了解，就更能使你的搏擊競技技術上一檔次。

如果說提高運動速度就像把拉一下打一發的老式步槍改造成了能夠連發的衝鋒槍、機關槍一樣。那麼，提高起動速度的意義就像能在任何時候迅速拔槍擊發那麼重要了，這就不但要求能將高級反射中樞轉移到低級中樞，以減少反射時間，還要求機體具有極強的應激能力和運動能力。

要想做到這一點，首先要學會「放鬆」。在一般正常情況下人體的放鬆是隨意的，也是很容易的。可是在情緒緊張的時候就不那麼容易了。那時人體各部分肌肉大量緊張，本不應發力的部位（拮抗肌）大量收縮，而導致應該收縮的部位卻發不出力來。

放鬆的要領首先是要善於自我穩定，自我調節，自我引導。這需要在平時的訓練中有意識地大量誘導和鍛鍊。常見的方法有自我暗示法、優勢浮現法、呼吸調節法等。

自我暗示主要應學會使用「潛臺詞」，如在緊張的場合下自我告誡：「沒關係，這不過是一群烏合之眾」「是一堆南瓜白菜」「不用那麼緊張」「放鬆一些」「再放鬆一些」……在這些暗示下，你會慢慢平靜下來，充滿信心。

優勢浮現法主要用於賽前緊張時，回想自己以前在相似場合下進行比賽取得成功的情景，增強自己必勝的信心。隨著這種自信心的增強，你會發現你已逐漸進入了放鬆的境地。

呼吸調節法主要用於緊張或急躁時。慢慢地深呼吸一次，將氣息先吸入腹腔，稍頓一會兒，再徐徐吐出，如此反覆幾次，即能達到調節情緒，放鬆機體的目的。

　　學會了放鬆以後，迅速調動機體能量，以最快的速度發動攻勢就相對容易一些了。具體的訓練步驟是：先練手腳的起動速度，即在十分放鬆的情況下，根據教練員的突發信號，以最快的速度出拳、發腿。其次，再從靜止的狀態下，根據突發信號，快速地按指定路線和方向移動重心。訓練到一定的情況下即可增加負荷進行起動練習。有負荷與無負荷訓練應交替進行。

　　最後，讓我們再來談一談意動單位。一個人的動作，不論發拳也好，出腿也好，總是在一定的意識支配下完成的。我們把一個意識支配下完成的一次動作叫做一個「意動單位」，用時間「噠」來限定。隨著訓練水準的不同，這個「噠」字的意義有很大差異，也就是說，訓練有素者和一般人的差異並不主要用「噠」字的長短來區別。他們之間最主要的差別在於一個意動單位中所包含的實際意義，即在同樣的一個「噠」字中包括著不同內涵。對於這個問題，舉個簡單的例子即能讓大家明白。如：對方沖拳擊頭，對於這個簡單的攻擊，有人的反應是舉手格擋，然後回擊；有人的反應是退步避開；也有的人是偏頭閃讓，然後回擊；還有的人是舉手格擋的同時另一手回擊；再有的人是偏頭閃過的同時回擊之手已打中了對方。大家不難看出，第一種舉手格擋是一個意動單位，佔時一個「噠」字，而回手反擊又是一個意動單位再占一個「噠」字，即一次防守反擊用了兩個「噠」字。而最後兩種人的防守和反擊均只用了一個意動單位，只占用了一個「噠」字，即他的一個意動單位同時包含了防與

攻兩種含意，兩個動作。大家不難看出，後者正是由於其意動單位所包含的意義的拓展，使他的成功率也相應地增加了一倍。別人用兩個「噠」字才能完成的動作，他僅用一個「噠」字就完成了，從一個單一的動作來看，這種提高似乎僅提高了約 1 秒的時間，然而在實戰中，往往正是這 1 秒的差別，就為你的勝利奠定了堅實的基礎。正因為如此，我們希望大家在平常的訓練中應多注意這方面素質的培養，養成在你的每個意動單位中包括儘可能全面的攻防意義。包括含義可能截然不同，然而用勁卻儘可能協調一致的兩至三個動作。如：側身躲閃和發拳攻擊的統一；上身側仰讓過來拳，下面同時發腿攻擊對方的統一；下蹲潛閃和勾拳擊腹的統一；側閃拍腳和邊腿同時擊腰的統一等等。如此而為，使提速訓練的各個方面都達到下意識的、自動化的運動動力定型階段，臨陣應敵，就必然能夠毫不思索，舉手成功了。

綜上所述，要想使自己在實戰中的運動速度快速有效，首先要學會放鬆，使自己的一切動作均能快速、突然、令對手防不勝防。其次，在平時的訓練中根據自己的生理特點並結合實戰中常見的範例，切實研究、製定一系列在每一個「噠」字中（即每一個意動單位中）包括儘可能完善、儘可能合理（符合生理特點、運動規律）的實戰動作。最後再運用超量恢復原理，採用負重訓練法，把這一系列科學合理的攻防動作練成連貫快速的，達到運動動力定型的自動化階段，真正做到「拳打千遍，身法自然」。臨陣應敵方能做到「熟能生巧，游刃有餘」，立於不敗之地。

此外，在實戰中還應盡量做到腿閃似電、拳如流星，做到應變力強，發得猛急，收得輕快，再發力強，步穩，力實，多變。注意在攻擊對方時，盡量以迅猛多變的動作給對

方雙目造成威脅，令其不能對我的動作作出及時準確的判斷，不能迅速發現我的弱點，這樣，才有利於我迅猛多變的快速打法，打擊對方所暴露的一切破綻，贏得場上的主動權。

三、正確掌握攻擊方法（戰術迷惑，我順敵背）

一個正確的攻擊方法往往包括正確的姿態；凌厲準確地運用攻擊面或攻擊器械；正確的發力方式；準確無誤的攻擊到對方的要害處這幾個方面。具體一些說，就是要求大家在學習後面的具體招法時，首先要明瞭欲學的這一招我應該用什麼部位（是拳？腳？還是肘？膝？還是利用指搬子？利用鑰匙？），攻擊惡人的哪一個要害（是眼睛？頸部？還是襠部？後腦？）。我應該採用何種姿態才容易使攻擊成功？應該採用什麼樣的發力方式才能最大程度地傷害犯罪分子，最終達到懲惡自保的目的。學習時要真正弄懂文字的含義，模仿插圖的動作，先做到形似，較熟悉後找出一對手來配合練習。熟練以後還可讓對手故意不配合，在這種情況下如能逐步運用得得心應手，也就達到了神似的階段了。

此外，在具體臨敵之時，由於常常處於敵強我弱的不利境地，所以，必須善於採用一些迷惑惡人的手段，如用語言來轉移他的注意力；用笨拙的行為來鬆懈他的警惕；用假意的順從令其大意；用高聲的呼救令其心虛；用義正詞嚴的警告來擾亂震懾他的心緒……一旦其注意力稍有轉移，突發利招攻擊其要害，如此而為，成功的把握會大大增加。再則，在運用具體招術時，也不能太過直接，最好虛實結合，引上打下，繞左攻右。比如欲攻擊他襠部，可先用掌虛晃擊他的雙眼，待其防上之時，攻襠的利招突發而出，如此而為，則

得手的機會要大得多。

在互擊的搏鬥過程中，應盡量往便於自己運動和用力的方位移動，而儘可能置敵於不好用力、運動不便的境地。具體的運用方法，在具體的招法介紹中我們會告訴大家。

此外，在雙方已發生搏鬥的過程中，還應把握「舊力略過，新力未發」的攻擊時機。

「舊力略過，新力未發」是我國古代民族英雄戚繼光在其著作《紀效新書》中對「後人發、先人至」的攻擊時機的一種極為精闢的總結。筆者是這樣理解的，不管你長拳短打，硬功軟手，內家外家，拳也罷，腿也罷，快也罷，慢也罷，反正一個動作與第二動作之間的銜接上，總存在一個空隙，這個空隙，就是「舊力略過，新力未發」。

形象點說，如你一拳劈來，那這一劈拳總是包括從上到下一個弧形，那麼在你身體劈拳的這一面，就得等到弧形慣性基本消失後才能收手發第二次拳，對我來說，要想反擊你，就得側身避過你這一劈拳的最狠處，在你這一劈拳的鋒頭剛過尚不能發第二次手的時機，順你下滑的方向，進身封閉你發手的這一面再打擊你。若這一時機看得很準，那你的這一面的第二動作還來不及發就已被打到或打倒了。而你的另一面雖空著，然而你的進身第一打擊動作未完成（加之我又進身到了你的被動面），這時，你要想調身來打我，就更顯得困難重重，因此必然失勢。

再如，對方進攻時，從他起腳到落步這一段時間內，他的運動方向和動作是不可能改變的，要變化也只能等他這一步落地之後，而這一段時間，則是我進攻的絕好時機，這一段時間同劈拳的下滑時間一樣，同樣是「舊力略過，新力未發」。

　　以筆者的一些經驗，看時機主要應看在「舊力略過」的「略」字上，看在「新力未發」的「未」字上，如果舊力「已」過了，你再上，那麼，對方手腳稍快一點，第二打擊動作就已發出，再加上你自己的前進衝力，就會不輕的打你一個對碰。這就是說，對方「舊力已過，新力又發」了。

　　從「略」字開始，到「未發」之前的這一段時間，是攻擊對方的最佳時機，我方的一切動作，都應與這段時間同步，即，我的攻擊動作，應從「略」字開始，我發觸敵軀，需完成在他「未發」之前。這個時機，必須把握得準，才能制勝對方。

　　這一段時間的長短，常常因人而異。訓練水準很高的人，他的起動速度和運動速度都很快，這一段可利用的時間相對很短，而訓練水準不高的人，卻因為動作速度慢而給我創造了較長的可利用時機。當然，不管他慢也罷，快也罷，這個可利用的時間間隙卻始終存在，只是時間間隔短需要我們更精確地把握這種稍縱即逝的時機罷了。

　　在了解和掌握了以上三個大方面的要素後，下面我們將由徒手到器械為大家介紹一系列易學易練且效果十分顯著的搏擊方法。

第二節　徒手搏擊術

① 突發戳眼

　　在歹徒的意圖已明時，我千萬不可驚慌失措，可一面用言語與其周旋，一面暗暗地手指併攏，中指微屈與食指、無名指齊平（圖 1-12），突然發難，猛戳對方雙眼（圖 1-

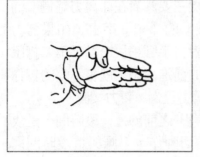

圖 1–12

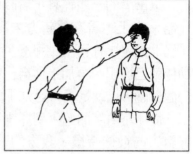

圖 1–13

圖 1–14

圖 1–15

13），令歹徒因來不及反應而雙目受到重創。

　　若戳眼前感覺歹徒已有所察覺，則可先用一腳假蹬對方膝關節（圖 1–14），令其注意力自然向下，上身本能地前傾，此時突發戳掌插眼，必能重創歹徒（圖 1–15）。

② 偏身戳眼

　　若歹徒已然對我動手，我也不必慌張，看來的是左拳還

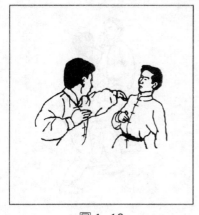

圖 1-16

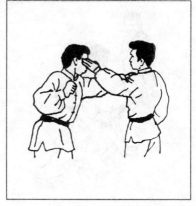

圖 1-17

圖 1-18

圖 1-19

是右拳，若是左拳攻來，我可身體向右轉動，使來拳發空
（圖 1-16），左掌同時向前戳擊對方雙眼（圖 1-17），重
創對方。對方若用右拳攻來（圖 1-18），我則需身體稍仰並
左轉以閃過來拳，同時用右掌猛戳對方雙眼（圖 1-19）。

圖 1-20

圖 1-21

③　坐肘戳眼

對方彈腿踢我下部，我用
肘下坐其腳背，或用前臂攔擊
其腿（圖1-20）對方腿部被
擊，身體重心必然前傾，此
時，我順勢出手戳眼，很容易
成功（圖1-21）。

④　採腕戳眼

圖 1-22

敵我對峙（圖1-22），
對方貫拳打來，我先豎肘格擋，將其貫拳隔開（圖1-23），
然後反手採腕回拉，使他身體前傾，同時另一隻手順轉腰之
力前戳對方的眼睛（圖1-24）。

也可在對方左擺拳打來之際，我先豎右肘格擋來拳（圖
1-25），然後反手採腕回拉，使歹徒身體前傾，再突然鬆

圖1-23

圖1-24

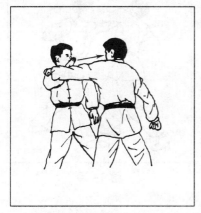

圖1-25

圖1-26

手，用掌猛地前戳歹徒之雙眼（圖1-26）。

5　牽手劈頸

由前面對人體要害處的學習，我們知道，頸部是人體中最為薄弱的地方，所以，當歹徒攻擊我時，看準時機，對其

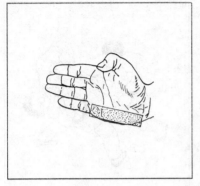

圖 1-27

圖 1-28

圖 1-29

圖 1-30

頸部發起猛攻,也一樣可收到重創歹徒的效果,攻擊歹徒頸部,可將手掌併攏,四指伸直,拇指微屈,用掌的外側緣(圖 1-27)做攻擊面砍劈對方。這樣,由於減小了攻擊面的截面積,可以增大攻擊的強度。一般來講,正手為砍,反掌則為劈。

對方右直拳擊我頭部,我左手上抬外格並反掌抓腕(圖 1-28、圖 1-29),身體左轉後,拉他的腕,使他身體前傾,

圖 1-31

圖 1-32

圖 1-33

圖 1-34

然後右掌順其手臂，反劈他的頸部（圖1-30）。

6 潛閃劈頸

　　對方右擺拳擊頭，我待對方即將擊中之際身體下潛閃過，同時以右拳擊其腹部（圖1-31、圖1-32）。然後再起重心，到對方身體側後，雙手猛劈他的頸後部，重創對方（圖1-33、圖1-34）。

圖 1-35

圖 1-36

⑦　格臂劈脖

　　對方右直拳擊胸，我身
體右轉，右臂垂肘上豎格
開來拳，身體繼續右轉，
使來拳順我身體左側滑過
（圖 1-35），趁對方拳鋒
剛過之際，我突然回身擰
腰反劈其脖後耳根穴（圖
1-36）。對方若左直拳擊

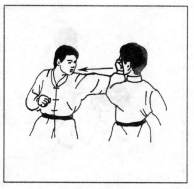
圖 1-37

來，我則以左肘格擋，身體向左擰轉，以消掉對方來勢（圖
1-37），然後不待對方回手，立即以迅雷不及掩耳之勢，劈
擊對方頸部（圖 1-38）。這正如拳諺所說：「善圓能走化，
搶角占上風，發須循直線，一點見真功。」

⑧　格手砍頸

　　對方貫拳擊頭，我肘上豎格開來拳（圖 1-39），然後身

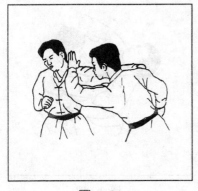

圖1-38

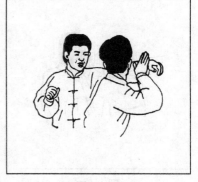

圖1-39

圖1-40

圖1-41

體前壓，借助身勢猛砍對方頸根（圖1-40）。

9　雙格砍頸

對方雙掌拍耳，我雙臂屈肘上豎外格（圖1-41、圖1-42），然後回手猛砍對方頸部（圖1-43）。

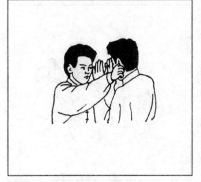

圖 1-42

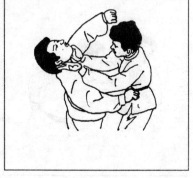

圖 1-43

圖 1-44

圖 1-45

⑩　壓臂擊頸

　　歹徒若右直拳擊胸，我可身體右轉，左臂順勢格開來拳
（圖1-44），然後左手下壓其臂（圖1-45），並往左外牽
拉，身體向左擰轉，用右掌根猛砍歹徒左頸部（圖1-46）。
歹徒若以左直拳擊胸，我則可身體左轉，右臂屈肘上豎將來

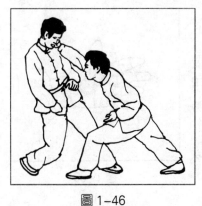

圖1-46

圖1-47

圖1-48

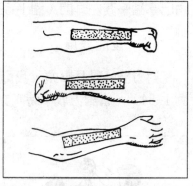

圖1-49

拳格於體外（圖1-47），然後右臂將來拳手臂下壓，身體右
轉，用左臂前臂部位攔擊歹徒頸部咽喉要害處（圖1-48），
可重創不法分子。注意，用前臂部攔切歹徒咽喉時一定要將
拳握緊，運用蹬地、轉腰、揮臂的合力，將全身力量貫注於
手臂之上（圖1-49），使整個前臂猶如一根鐵棍一樣，橫掃
歹徒的咽喉要害。

11 引手扇耳

人耳和太陽穴均為人體重要
要害部位，常用的攻擊方法可用
扇掌。扇掌時應掌伸直，五指微
張，以掌心作為攻擊面（圖1-
50）。扇掌時主要運用腰力，以
掌心扇擊對方的耳門和太陽穴，

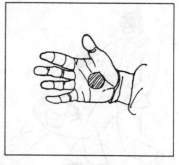

圖1-50

具體運用時可採用一定的戰術，
如敵我相對，我先用右手反臂扇對方的雙眼，對方必定起手
格擋（圖1-51），這時我等他的手一起，立即順其肘畫圈，
用巴掌猛擊其左耳門（圖1-52），重創歹徒。

12 後閃雙扇

對方雙峰貫耳擊頭，我可以身體向後縮閃開（圖1-53、
圖1-54），當對方收手時，立即回手，雙掌同時扇擊其耳門

圖1-51

圖1-52

圖 1-53

圖 1-54

圖 1-55

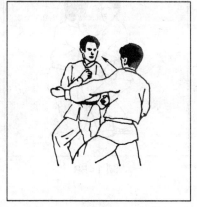

圖 1-56

（圖 1-55）。

13 雙格反扇

在不能用掌心攻擊對方耳門時，以反掌扇擊其太陽穴也一樣可收到良好的擊打效果。如在對搏中歹徒用右沖拳擊胸（圖 1-56），我可身體左轉，雙肘彎曲，兩前臂上豎，將來

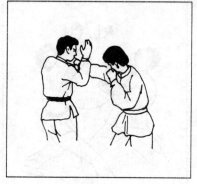

圖 1-57

圖 1-57 附圖

圖 1-58

圖 1-59

拳格於體外（圖 1-57、圖 1-57 附圖），左手反手採腕下壓
並回拉，右手準備攻擊（圖 1-58），然後身體右轉，以腰力
帶動右臂，反掌扇擊歹徒右太陽穴（圖 1-59）。

14 轉步砍腦

　　用前臂砍擊歹徒的後腦要害，常可收到十分有效的打擊
效果。如實戰中，對方用左直拳擊頭，我可在其拳攻來之際

圖 1-60

圖 1-61

圖 1-62

圖 1-63

左手向下拍壓來拳（圖1-60、圖1-61），然後右腳向前扣上一步，身體左轉，以腰帶臂，用右前臂猛砍歹徒後腦（圖1-62）。

　　若對方是右沖拳攻來，我則用右手向下向外拍壓來拳（圖1-63），右腳先向對方右外側擺半步（圖1-64），然後左腳再弧形扣步到歹徒側後方，身體隨扣步猛向右擰轉，左臂借擰腰之勁向歹徒後腦處猛砍（圖1-65）。

圖 1-64

圖 1-65

圖 1-66

圖 1-67

⑮ 劈面反勾襠

　　實戰中，攻擊襠部也是最容易挫敗歹徒的方法之一，較為有效的方法可先用拳背反劈歹徒顏面，若他反應慢，鼻根被擊會頭昏眼花；若他起手來格擋（圖1-66），我則可隨機應變，劈拳手順他肘關節弧行向下，反手勾擊其襠部要害（圖1-67），重創不法分子。

圖1-68

圖1-69

圖1-70

　　若對方先行發拳打我，我則可用切臂正勾襠的方法進行反擊，具體方法如下。

16　切臂正勾襠

　　敵我對峙（圖1-68），敵突發左擺拳擊頭，我身體前靠，用右前臂前切對方肘關節內側（圖1-69），左手借前靠之勢，抓勾敵人的襠部要害（圖1-70）。

圖 1-71

圖 1-72

圖 1-73

17　踢襠

　　在對方不太注意的時候，突然用彈腿猛踢歹徒的襠部也
是十分容易奏效的招數（圖1-71、圖1-72）。另外，當對
方準備向我發動攻擊，剛邁步上前的那一瞬間，雙腿必然分

圖 1-74

圖 1-75

開露出襠部，此時我身體一側（圖1-73），後腿迅速由下向上斜彈對方襠部（圖1-74），也可重創對方。

18 格腿彈襠

對方右邊腿擊腰（圖1-75），我右腳向前斜上半步，左

圖 1-76

圖 1-77

圖 1-78

圖 1-79

手向外斜掛來腿，身體右側閃（圖1-76），同時左彈腿踢襠（圖1-77）。也可在對方右邊腿來時，左轉體雙手斜拍（圖1-78），然後直接用右彈腿踢襠（圖1-79）。若對方是左邊腿踢腰，我則可用左腳斜邁半步，右手向外掛住來腿（圖1-80），右彈腿斜擊對方襠部（圖1-81）。

圖1-80

圖1-81

圖1-82

⑲ 拍腿踢襠

（1）對方蹬腿擊胸，我側閃，用前手將來腿向外下方斜拍（圖1-82、圖1-83），起彈腿從後面擊襠（圖1-84、圖

圖 1-83

圖 1-84

1-85）。

（2）對方右蹬腿擊胸，我右腿向斜前方側邁一步，身體向左擰轉，同時以左手向下斜掛來腿，使對方蹬腿落空（圖

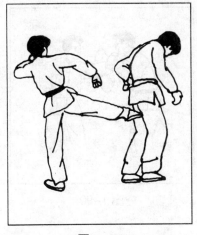

圖 1-85

圖 1-86

圖 1-87

圖 1-88

1-86、圖 1-87）。上動不停，身體重心繼續右移，用左腿由下向上斜彈對方後襠部（圖 1-88）。

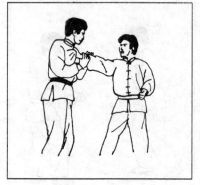

圖1-89

圖1-90

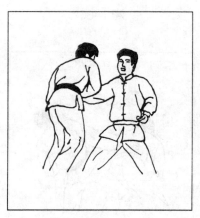

圖1-91

圖1-92

⑳　扭腕踢襠

　　當歹徒欲逞瘋狂，肆無忌憚地出手抓我領口時（圖1-89），我也可先用雙手反扭其腕，令其身體側移而露出襠部（圖1-90、圖1-91），再迅速用彈腿向上猛踢其襠部（圖1-92）。

圖1-93

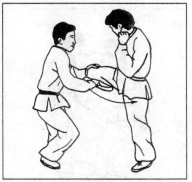

圖1-94

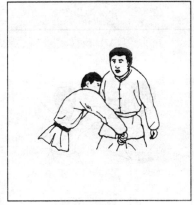

圖1-95

圖1-96

21 格腿靠襠

歹徒若以邊腿擊腰，我可先將身體左轉，左手屈肘豎臂外格，右手由下向上抄抱來腿（圖1-93，圖1-94）。接住腿後，順其收腿之勢身體前靠，用右臂由下向上靠擊歹徒的襠部（圖1-95），重創歹徒。

若歹徒是用蹬腿或踹腿攻來（圖1-96），我則應右腳外

圖 1-97

圖 1-98

前擺，身體側閃，同時
右手向下拍掛來腿，使
其蹬踹腿落空（圖1-
97），然後身體迅速下
蹲並前竄，以右前臂由
下向前、向上猛靠對方
襠部要害。如此而為，
不但可以重創歹徒，還
可將不法分子撞倒在地
（圖1-98）。

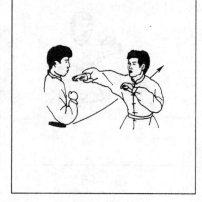
圖 1-99

22 抓髮卡喉

實戰中，直接卡扼歹徒的喉頭或頸動脈竇，都能令歹徒
在最短的時間內喪失戰鬥力，甚至窒息死亡。常用的方法
是：在對搏的過程中當其一拳打來之際，身體側偏讓來拳發

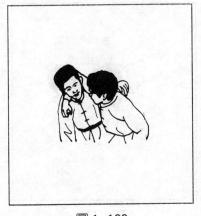

圖1–100

圖1–101

圖1–102

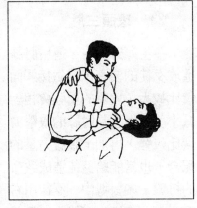

圖1–103

空，同時左手由其右腋下插入（圖1–99、圖1–100），迅速
向上反抓歹徒頭髮（圖1–101），一旦抓牢便迅速下扯，令
其頭部後仰露出咽喉要害（圖1–102）。右手緊緊卡扼歹徒
喉頭兩側或頸動脈竇處（圖1–103），擒獲不法分子。

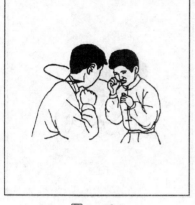

圖1-104

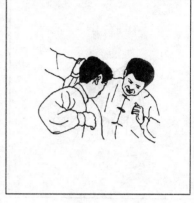

圖1-105

23　環頭三肘

在生死對搏中，運用肘膝進攻歹徒的要害，雖然接觸面積比較大（攻擊的壓強會相對減小），但因為肘膝的攻擊力度比較強，再加上腰腹力量的配合，也常能給歹徒造成致命的打擊。如對搏中，歹徒用右貫拳擊頭部時，我可身體前靠，左臂屈肘上豎，左手前切

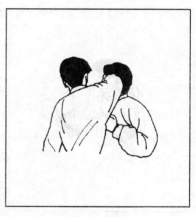

圖1-106

歹徒右肘關節內側（圖1-104、圖1-105）所示。然後身體猛地左轉，右撲肘狠擊對方左面頰（圖1-106），不待對方反應過來，再向右轉身，左撲肘猛擊對方右頸部（圖1-107），身體再次向左擰轉，右上頂肘由下向上挑擊對方下頜部（圖1-108）。以上三肘既要運用腰勁連貫迅速，不給敵

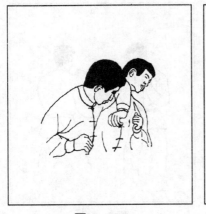

圖 1-107

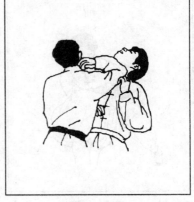

圖 1-108

圖 1-109

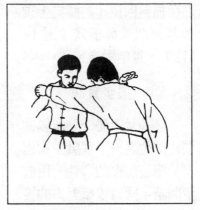

圖 1-110

人以喘息之機，又要肘肘不離其頭頸部，方謂之環頭三肘。

24　抓髮頂鼻

對方左貫拳擊頭，我右手前切其肘關節內側（圖 1-109），左手同時劈擊其頸部（圖 1-110），然後勾住頸部，

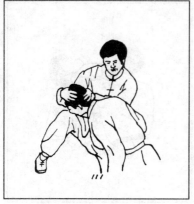

圖1-111

圖1-112

右手抓髮回拉，右膝向上頂撞其面門或鼻根穴（圖1-111），重創對方。

25 擺步貫腦

後腦是人體十分薄弱的要害部位之一。實戰中利用歹徒瘋狂前撲的慣性，用擺步閃讓，同時攻擊對方的後腦常可收到意想不到的效果。如對方瘋狂前撲，用左

圖1-113

直拳攻來，我可在他即將撲到的瞬間身體右轉，右腳後擺，使來勢撲空（圖1-112、圖1-113），左貫拳順轉腰之勢擺擊對方後腦處（圖1-114），重創歹徒。

圖1-114

圖1-115

圖1-116

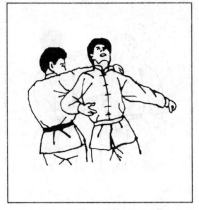

圖1-117

26　直拳轉身劈腦

　　實戰中也可先以左直拳佯擊對方面部，右腳同時悄悄倒插一步，趁對方起手格擋我左拳之際（圖1-115），身體突然右後轉（圖1-116），右臂掄劈拳借轉身之勢猛劈歹徒的後腦（圖1-117）。

圖 1-118

圖 1-119

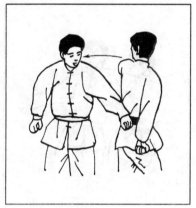

圖 1-120

圖 1-121

　　此法也可在防守時使用。如歹徒左直拳擊面，我可右臂屈肘上豎將來拳向內格擋（圖 1-118、圖 1-119），左腳在格擋的同時悄悄向右後倒插一步（圖 1-120），身體在左腳落步後加速向左後擰轉180°，左臂順擰腰之勢猛劈歹徒後腦要害（圖 1-121）。

圖1-122

圖1-123

圖1-124

圖1-125

27 潛閃連擊

實戰中，歹徒用右貫拳擊頭，我可在貫拳即將打中之際突然蹲身下潛，讓來拳落空（圖1-122、圖1-123），潛閃的同時用右勾拳猛擊對方腹部（圖1-124），然後身體猛地撐起，用左平勾拳猛擊歹徒後腦（圖1-125）。

圖 1-126

圖 1-127

圖 1-128

圖 1-129

28　掛腿鞭拳

歹徒用蹬腿襲來時，我可前手下掛，同時擺步扣上左
腳，身體向左擰轉，以左手再次抄掛來腿（圖 1-126、圖 1-
127），隨即右腳向左後斜插一步到敵身後（圖 1-128），右
鞭拳借轉身之勢狠劈對方的後腦及頸部（圖 1-129），重創

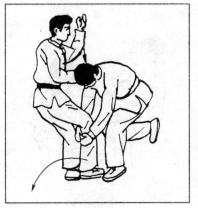

圖1-130

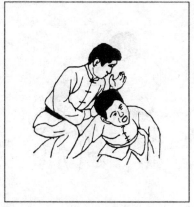

圖1-131

對方。

29 退步砸腦

實戰中被歹徒抱住腿是件十分危險的事，因為此時很容易被歹徒掀翻（圖1-130）。遇到這種情況千萬不可慌張，應努力提膝後插，同時身體前弓下仆，用一手按對方的頭，另一肘下砸對方後腦（圖1-131）。

圖1-132

這樣，既可保持身體重心，又可重創歹徒。

當然，若能及早發現對方的意圖就更容易了。如，歹徒在打鬥中突然低頭前竄（圖1-132、圖1-133），我可及時提膝迎撞對方下頜或面門（圖1-134）。然後用一手勾頭後拉，同時提膝後插，身體重心下壓，用另一肘尖向下狠砸歹

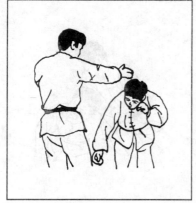

圖 1-133

圖 1-134

圖 1-135

圖 1-136

徒的後腦要害（圖1-135）。

30　轉身膝肘

　　混戰中，歹徒用右手由後抓我後領或肩部時（圖1-136），我可右臂屈肘豎臂，身體向右後擰轉，將來手格開

圖1-137

圖1-138

圖1-139

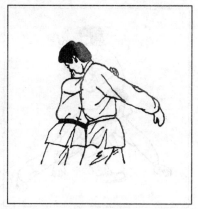

圖1-140

（圖1-137、圖1-138），然後左腳上前一步（圖1-139），
雙手反抓對方肩部後拉（圖1-140），右膝橫擊對方腹部
（圖1-141），然後揚起雙手，以雙掌掌根或右肘猛擊歹徒
後腦（圖1-142、1-143）。

圖 1-141

圖 1-142

圖 1-143

圖 1-144

31 勾頭撞面

對方左擺拳擊頭，我左手外格（圖1-144），同時右直拳擊頭，若對方偏頭閃過，則變勾手反勾其頸部（圖1-145），勾頭後拉，提膝前頂，猛撞對方顏面（圖1-146）。

圖1-145

圖1-146

圖1-147

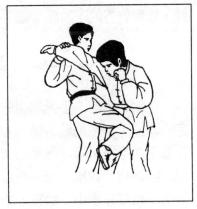

圖1-148

㉜ 沖膝橫擊肘

　　對方右沖拳擊頭（圖1-147），我身體左閃，使來拳擊空（注意左手要順其肘關節向內斜拍，這就叫「固中節」），右沖膝同時迎擊對方軟肋處或者襠部（圖1-148）。對方中下部被擊，必然弓腰，我再以橫擊肘或上頂

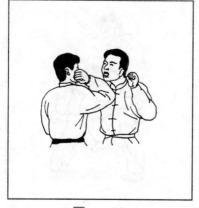

圖1-149

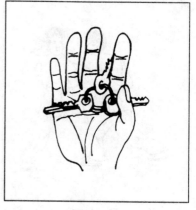

圖1-150

肘，攻擊對方的下頜部（圖1-149），重創對方。

第三節　器械搏擊術

在你死我活、生死攸關的正當防衛搏鬥中，若能借用一定的器械，則你的威力將大大增加。本節中，我們就人們在日常生活中經常隨身佩戴的鑰匙和利用極簡單的製作就能佩戴一些器物，教給大家一些能最大限度發揮常人潛能的搏擊方法。相信在學過本節後，您在正當防衛的生死搏擊中定會信心大增。首先要教會大家的是：日常生活中人人都可隨身攜帶的鑰匙的正確使用方法。

一、運用鑰匙搏擊法

鑰匙的握法至關重要。先將鑰匙環上的鑰匙挑一把最大最長的夾在食指和中指之間，其餘的分成兩組橫放在掌心上（圖1-150），四指將鑰匙慢慢握緊，拇指壓在食指上，將

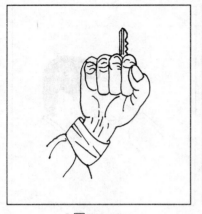

圖1-151

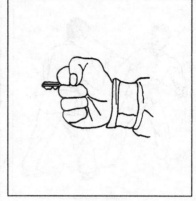

圖1-152

中、食指間所夾的鑰匙露在拳頭的前方（圖1-151、圖1-152）。這樣，這把小小的鑰匙就會隨你的揮拳用勁，像一枚匕首般插入歹徒的要害。最常見的方法是用沖拳的方法攻擊歹徒的雙眼或印堂，用擺拳的方法攻擊歹徒的太陽穴。

① 沖拳擊眼

　　在對方不注意的時候，按圖1-152的方法悄悄將鑰匙串緊握在拳中（圖1-153）。身體微微一晃（圖1-154），以調動對方的注意力，然後猛然發拳沖擊他的雙眼或印堂處（圖1-155），重創歹徒。若歹徒已有防備，則可先用踹腿攻擊歹徒前

圖1-153

圖1-154

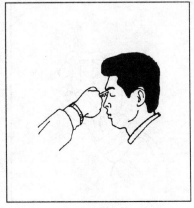

圖1-155

圖1-156

圖1-157

支撐腿，以轉移他的注意力，再用緊握鑰匙的右拳攻擊對方的雙眼（圖1-156、圖1-157），重創歹徒。

② 擺拳擊太陽穴

也可用擺拳的方法攻擊歹徒的太陽穴。發拳的要領是左

圖1-158

圖1-159

圖1-160

圖1-161

前腳微向側碾，右腳蹬地，重心向右旋轉前移，扣膝合髖，
腰向左擰轉，右拳弧形橫擊，發力由下斜上貫至握鑰匙的拳
面（圖1-158、圖1-159）。實戰中可先用左直拳佯擊對方雙
眼，待他左手格擋時（圖1-160、圖1-161），我緊握鑰匙的
右拳用發擺拳的要領猛攻歹徒的太陽穴（圖1-162、圖1-

圖 1-162

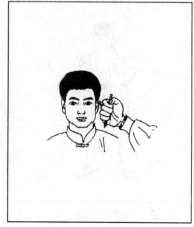

圖 1-163

163）。

③ 潛閃連擊

敵我對峙（圖 1-164）。
對方欲攻我頭部，我可在其
拳發來的瞬間突然下蹲，同
時用左拳攻擊歹徒的腹部
（圖 1-165）。當其腹部被
擊，身體自然後凹、露出頸
部要害的時候，我再猛地蹬
地而起，用右拳緊握的鑰匙
猛攻歹徒的咽喉要害（圖 1-
166）。

圖 1-164

歹徒若先用左沖拳擊來，我則可身體左側潛閃使來拳落
空，潛閃的同時，用左拳猛擊歹徒腹腔大神經處（圖 1-

圖 1-165

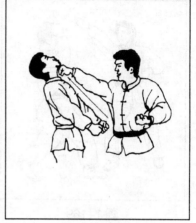

圖 1-166

圖 1-167

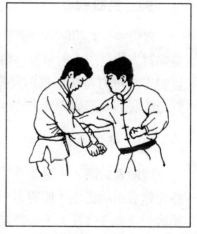

圖 1-168

167）。一旦擊中，不管他反應如何，應立即蹬地再起，運用蹬地、擰腰、轉胯的合力，用右拳所緊握的鑰匙猛攻不法分子的心窩斗口要害處（圖 1-168）。

圖 1-169

圖 1-170

④ 晃眼刺心

實戰中，太明顯的攻擊動作往往容易失敗，若能用空手先晃擊對方的雙眼，則很容易轉移他的注意力（圖 1-169）。一旦對方注意力轉移，我則突然下蹲，用右拳所握的鑰匙猛擊對方的心窩斗口處（圖 1-170）。

⑤ 格擋反擊

與敵對峙時，一定要善於抓住他發拳的先兆，如對方右肩後拉（圖 1-171），必然是發拳攻擊的先兆，此時我可嚴加注意，當其右拳發出之際左前臂屈收即可將來拳格擋在外（圖 1-172）。一旦格住來拳，應立即身體左轉，用右手

圖 1-171

圖1-172

圖1-173

圖1-174

圖1-175

所握的鑰匙猛擊歹徒的心窩或腹部（圖1-173）。

6　閃拍攻肋

　　實戰中密切注意對方的動向（圖1-174），若對方是用右擺拳攻來，我可先將身體後閃，使來拳落空（圖1-175）。當

圖 1–176

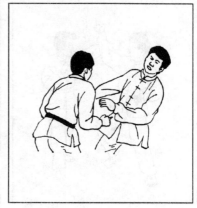

圖 1–177

其右拳剛滑過我身體瞬間，我立即身體前趨，用左手拍壓來拳臂肘部（圖 1–176），然後身體向左擰轉，用右手所握的鑰匙貫擊歹徒的左肋部（圖 1–177）。

7　拍腰靠摔擊太陽穴

歹徒拳攻來瞬間，先下潛側閃使來拳落空（圖 1–178），若潛閃後來不及反擊，則可順勢抱住歹徒的腰腿（圖 1–179）。一旦抱住，則可用左腳反勾住他的右腿向左後方猛靠，右手抱腰左別，將歹徒靠翻在地（圖 1–180、圖 1–181）。不待歹徒撐起，即用右手所握鑰匙猛

圖 1–178

圖 1-179

圖 1-180

圖 1-181

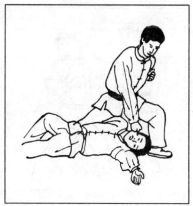

圖 1-182

擊他的太陽穴要害（圖 1-182）。

8　擊眼攔摔擊太陽穴

敵我對峙（圖 1-183），當對方用右拳攻來之際，我可
用左手下截來拳手臂，令其落空（圖 1-184），用右手所握

圖 1-183

圖 1-184

圖 1-185

圖 1-186

鑰匙猛攻他雙眼（圖1-185），重創不法分子。若未能重
創，則可迅速將右腳插到歹徒身體右後方，右臂前伸圈夾住
他的脖子（圖1-186），身體再猛地左轉，右臂攔別他的脖
子，使其後倒。當對方倒地後，我可先用左手抓住他的胸領
將其上身提起（圖1-187），再用右手所握的鑰匙猛擊其太

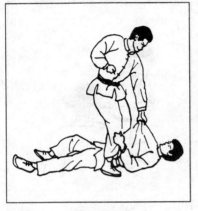

圖 1-187　　　　　　　　圖 1-188

圖 1-189

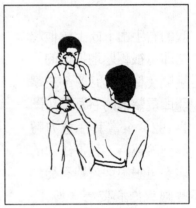

圖 1-190

陽穴（圖 1-188），可重創不法分子。

9　破臉捶法

　　與歹徒對峙時（圖 1-189），可先用左掌扇擊對方雙眼，引誘他本能起手格擋（圖 1-190）。當他的手往上時，

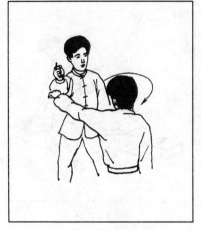

圖1-191

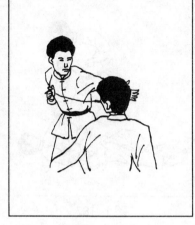

圖1-192

我的右手由下向上順他起勢即可很輕鬆地把他的手挑開（圖1-191），左掌隨即扇擊他的右耳門（圖1-192），當其注意力轉移到臉部時，我握鑰匙的右拳可狠狠地攻擊歹徒的雙眼或眉心要害（圖1-193）。

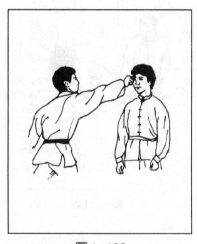

圖1-193

⑩　上下引打

與敵對峙時（圖1-194），也可先用握鑰匙的右拳假擊其雙眼，逼他起手格擋（圖1-195）。對方起手格擋必然露出肋下空檔，此時可用左拳搗擊歹徒右肋（圖1-196），當他注意力轉移到右肋

圖 1-194

圖 1-195

圖 1-196

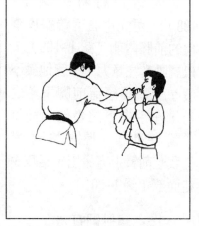

圖 1-197

時，我握鑰匙的右拳則可趁機猛擊歹徒的面部（圖1-197）。

圖1-198

圖1-199

⑪　下引上取法

與敵相峙時（圖1-
198），可先用右低踹腿攻擊
他的前膝內側（圖1-199），
以調動其注意力。不管他發不
發拳，我都應借前腳下落之
勢，左手向下拍壓他的前臂
（圖1-200），握鑰匙的右拳
從我左前臂上方發出，猛攻歹
徒面部（圖1-201）。

圖1-200

⑫　順肘翻打法

敵我對峙（圖1-202），我用握鑰匙的右拳攻擊歹徒心
窩處，若他左手將我右手向下拍壓（圖1-203），我此時不
必和他鬥力，而由他下拍之勁順勢畫弧繞過其左肘關節，用
發平勾拳的方法攻擊他的太陽穴（圖1-204）。

圖1-201

圖1-202

圖1-203

圖1-204

⑬　側閃截攻法

與敵相峙（圖1-205），若對方欲用左擺拳攻我頭部，我須即時發現他的先兆，當他提拳預擺的瞬間，我身體左側閃並前壓，用握鑰匙的右拳由他左拳內側搶先攻擊其太陽穴（圖1-206）。

圖1-205

圖1-206

圖1-207

圖1-208

⑭　左引右攻法

　　與敵相峙（圖1-207），可先發左拳佯攻對方面部，待他用左手向右格擋露出左臉部時（圖1-208），我身體猛地左轉，用握鑰匙的右拳貫擊歹徒的左耳門或太陽穴（圖1-209）。

圖 1-209

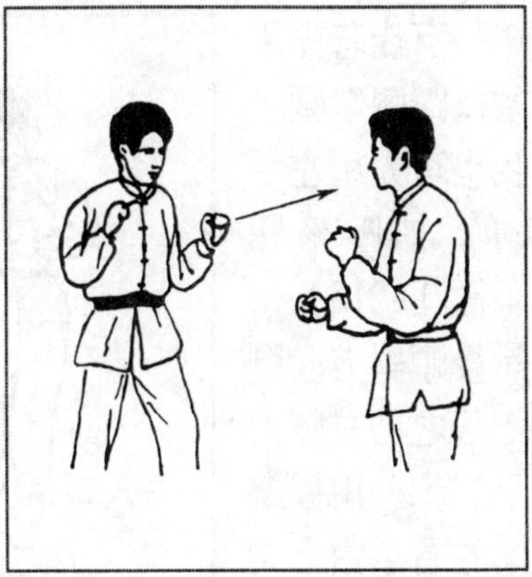

圖 1-210

圖 1-211

圖 1-212

⑮ 下拍反擊法

與敵對峙（圖 1-210），對方若用左直拳擊胸，我可用左手由上向下拍壓來拳（圖 1-211），左手拍壓後變為勾手，向左後方牽拉對方左臂，然後身體左轉，用握鑰匙的右拳貫擊歹徒的太陽穴或後腦（圖 1-212）。

歹徒若先用右低踹腿擊腰，我也可先用左手向下拍壓來腿（圖1-213），然後順對方前腳下落之勢左腳大上一步，用握鑰匙的右拳由上向下劈擊對方面門（圖1-214）。

圖1-213

16 右引右攻法

與敵相峙時（圖1-215），也可先用右拳佯擊對方雙眼，待他起右手格擋時（圖1-216），我的左手突然由下向上順勢挑起他的手臂（圖1-217），然後身體左轉，用握鑰

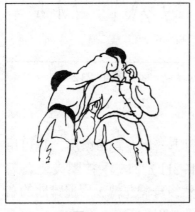

圖1-214

圖1-215

圖 1-216

圖 1-217

圖 1-218

圖 1-219

匙的右拳貫擊歹徒的左太陽穴（圖1-218）。

⑰　潛閃擊心貫頭

對搏中對方發右擺拳擊頭（圖1-219），若此時無法格擋，應立即下潛，頭部從對方腋窩下躲過（圖1-220），握

圖 1-220　　　　　　　圖 1-221

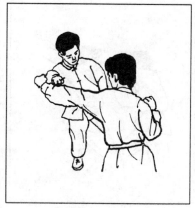

圖 1-222　　　　　　　圖 1-223

鑰匙的右拳同時勾擊歹徒心窩處（圖 1-221），然後身體再由歹徒側後撐起，用左貫拳猛擊歹徒後腦（圖 1-222）。

⑱　內側攻擊法

歹徒用左擺拳攻來，我可用右臂將來拳格於體外（圖 1-223），不待對方收手身體立即左轉，用握鑰匙的右拳猛擊歹

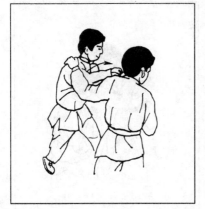

圖 1-224

圖 1-225

圖 1-226

圖 1-227

徒的左側面門（圖1-224）。

　　若對方先用右直拳攻來，我則可屈左臂將來拳格於體外
（圖1-225），身體右轉前壓，用左平勾拳攻擊對方右面門
（圖1-226），身體再左轉，用握鑰匙的右拳貫擊對方的太
陽穴（圖1-227）。

圖1-228

圖1-229

⑲　牽手攻擊法

　　對方右擺拳擊頭，我可身體前靠，先用左前臂前切對方肘彎內側，令他的拳打不到我（圖1-228），然後身體左轉，左手牽拉他的右臂，握鑰匙的右拳同時順勢攻擊他的左太陽穴（圖1-229）。

　　實戰中對方若右直拳攻來時靠我身體中心右側，此

圖1-230

時我則應採用固中節、走兩翼的方法，用左手在對方右肘處往內拍壓後牽（圖1-230、圖1-231），身體同時前趨，左腳上一大步到對方側後方（圖1-232）。身體再向左擰轉，用

圖 1-231

圖 1-232

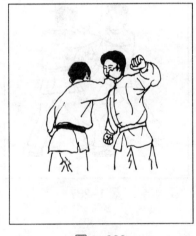

圖 1-233

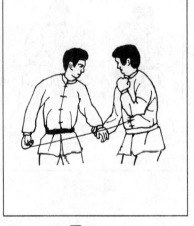

圖 1-234

握鑰匙的右拳貫擊歹徒的左太陽穴（圖1-233）。

　　對方若用右勾拳擊腹，我也可用左手下拍並後牽（圖1-234），同時用握鑰匙的右拳向上勾擊歹徒的心窩要害處（圖

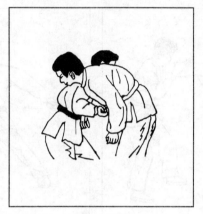

圖1-235

圖1-236

圖1-237

1-235）。

20　上下翻打法

與敵對峙（圖1-236），可先用握鑰匙的右拳貫擊他的左太陽穴，若他起手格擋（圖1-237），則不待他手到位，

圖 1-238

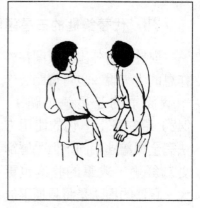

圖 1-239

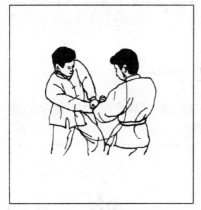

圖 1-240

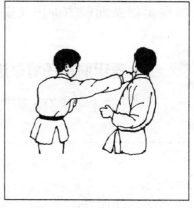

圖 1-241

我立即收手用右上勾拳的方法勾擊他剛露出的軟肋處（圖1-
238、圖1-239）。若他用左手向下拍壓（圖1-240），必將
再次暴露左面頰，此時我再用順肘翻的方法，右拳畫弧猛攻
他的左太陽穴（圖1-241）。

㉑　代替鑰匙的三星錘簡介

對於經常外出或夜間在外作息的人來說，也可專門製作一個簡單的三星錘（圖1-242）帶在身上，它的使用方法完全與鑰匙相同，但手感卻更為舒適，攻擊的強度也更大。具體的握法是將長柄平放掌中（圖1-243），豎短柄從食指和中指縫穿出，拳頭握緊後豎尖從拳面前方伸出（圖1-244）。

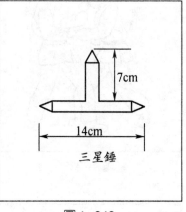

7cm

14cm

三星錘

圖1-242

二、運用肘搬子搏擊法

「害人之心不可有，防人之心不可無」。對於長年生活

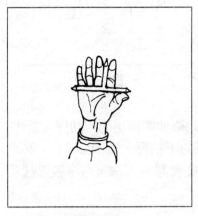

圖1-243

圖1-244

在外的人來說，不帶防身武器隨時可能會遇到危險，但帶了防身武器卻又於法不容。

如此看來，是否就沒有防身武器可帶了呢？否！你若能照本章所介紹的方法去做，一旦遇到危險，會使你的威風大振，今後出外謀事就更有信心了。本節首先要教給你的是：肘搬子的製作方法。

① 肘搬子的製作與佩戴方法

取一截大楠竹對剖開來，鋸成長 25 公分、寬 5～6 公分的兩塊，削成如圖 1-245 的形狀，然後用玻璃斷面將其四周刮圓、刮光，不能有毛刺，再用砂紙將其打磨光滑。到體育用品商店買一副護肘戴在雙手前臂上，將搬子的凹面緊貼前臂上方，套在護肘之中，搬子的尖端剛好超出肘尖（圖 1-246）。這樣，當你穿上衣服後它既不影響肘關節的運動，從外面又看不出有何異樣。但當你雙肘一屈到 90°時，搬子的尖端處就露出了肘關節，成為攻敵之利器。

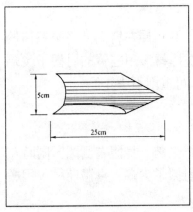

圖 1-245

圖 1-246

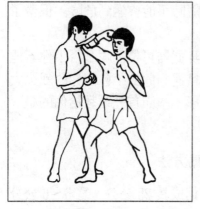

圖 1-247

圖 1-248

具體的使用方法，我們將在下面講述。

②　挑肘攻擊法

趁歹徒不備，突然大上一步，上臂屈肘上揚，用肘搬子尖端挑擊歹徒的下頜（圖 1-247）。

③　格手撲擊法

實戰中歹徒先發右拳攻來，我可屈左臂向外將來拳格於體外（圖 1-248），身體再向左擰轉，用右臂的肘搬子尖端撲畫對方的臉部（圖 1-249），可重創不法分子。

④　側閃頂撞法

歹徒用右拳攻來，我可看準來勢，身體右側閃，同時左臂屈於頭前作防護，右肘露出肘搬子尖端，身體前弓，用搬子尖端猛撞歹徒心窩（圖 1-250）。

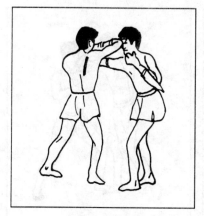

圖 1-249

圖 1-250

圖 1-251

圖 1-252

⑤　潛閃橫擊肘

　　歹徒左擺拳擊頭，當其拳即將打到的瞬間我可突然向下
潛閃讓過來拳（圖1-251），身體再右轉，用左臂的搬子橫
擊歹徒胸肋部（圖1-252）。

圖 1-253　　　　　　　圖 1-254

6 左引右挑

實戰中先用左直拳佯擊歹徒面門，對方必本能地起手防格（圖 1-253）。當其剛一起手時，我突然變招，身體猛地左轉，用右臂搬子斜上挑擊歹徒下頜關節（圖 1-254）。

7 潛閃砸肘

實戰中歹徒用右擺拳擊頭，我可在其拳即將擊中頭部時突然下蹲，使來拳落空（圖 1-255），撐起時高舉右臂，屈肘下砸，用搬子尖端猛搗歹徒後腦要害（圖 1-256）。

8 牽手前頂肘

實戰中對方用右直拳擊頭，我可屈雙臂將來拳向體外格擋（圖 1-257），然後左手抓腕後拉，身體前趨，屈右肘用搬子尖端猛頂歹徒心窩（圖 1-258），可重創不法分子。

圖 1-255

圖 1-256

圖 1-257

圖 1-258

圖1-259

圖1-260

⑨　雙壓橫擊肘

　　歹徒用勾拳擊我下頜，我可雙臂彎曲，向下壓住來拳
（圖1-259）。然後左臂繼續下壓，右臂由歹徒手臂上方橫
擊其頸部要害（圖1-260）。

⑩　格手變挑肘

　　歹徒左直拳擊頭，我右前臂由對方手臂內側屈收做摸耳
狀，即可將來拳格於體外（圖1-261）。
　　右腳上一大步，右肘繼續屈肘前頂並上挑，用竹搬子尖
端挑擊歹徒喉頭要害。（圖1-262）。

⑪　俯閃倒擊肘

　　對方用右直拳擊頭，我左腳上前一步，身體前俯使來拳
從我後肩擦過（圖1-263）。不待對方收手，我身體立即右

圖 1-261

圖 1-262

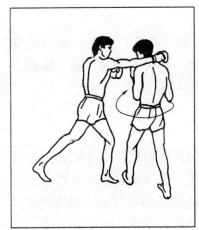

圖 1-263

圖 1-264

後轉體 180°，同時屈右臂，用竹搬子尖端倒擊歹徒心窩（圖
1-264）。

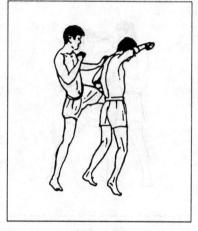

圖1-265　　　　　　　　　　　圖1-266

⑫　**左右倒擊肘**

歹徒由我身後發起攻擊（圖1-265），我千萬不可驚慌，讓雙臂屈起，身體左右扭動，雙肘所帶的竹搬子輪翻攻擊歹徒的頭頸部（圖1-266、圖1-267）。

⑬　**左右連擊肘**

從正面也可用連擊的方法向歹徒發起進攻。如先用左橫肘攻擊向我靠攏的歹徒的右頸部，不待他反應，身體立即左轉，再以右肘的竹搬子挑擊歹徒的下頜或喉頭（圖1-268、圖1-269）。

⑭　**勾拳橫擊肘**

歹徒用左直拳攻來，我身體左轉側閃，左手屈肘將來拳格於體外，右勾拳同時由下向上攻擊歹徒軟肋（圖1-

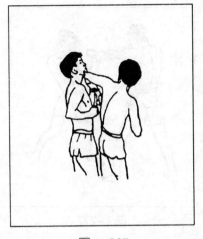

圖 1-267

圖 1-268

圖 1-269

圖 1-270

270），緊接著身體右轉，用左肘的竹搬子猛攻歹徒胸腹部
（圖1-271）。

圖1-271

圖1-272

15 直拳變撲肘

實戰中可先用右直拳攻擊對方（圖1-272），若對方閃過後立即反撲過來，此時我切不可慌亂，應身體左轉，用右肘順勢橫擊歹徒靠近的顏面（圖1-273）。

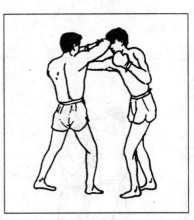

圖1-273

16 勾拳接砸肘

對方擺拳擊頭，我可下蹲潛閃，頭往其腋下空檔處躲過來拳，右勾拳同時反擊其心窩處（圖1-274），然後身體立起，用右肘上的竹搬子尖端猛砸歹徒的後腦或頸椎（圖1-275）。

圖1-274

圖1-275

圖1-276

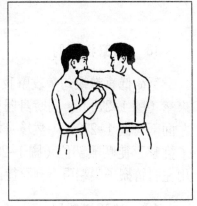

圖1-277

17　肘格肘擊

對方用低直拳或上勾拳攻擊我的左軟肋，我可沉肘下防（圖1-276），順對方收手之勢，我的下防肘畫弧橫擊歹徒下頜（圖1-277）。

圖 1-278

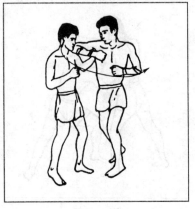

圖 1-279

18 横擊挑砸肘

歹徒低直拳或勾拳攻擊我左肋時，我可用左肘下沉格開來拳（圖 1-278），同時身體向左擰轉，用右撲肘攻擊對方左面部（圖 1-279），然後身體再回身右擰轉，用左肘竹搬子挑擊歹徒咽喉部位（圖 1-280）。挑擊完後，身體前靠，用左肘竹搬子尖端再下砸歹徒面門（圖 1-281）。

19 格腿横擊肘

對方若用邊腿擊頭，我也可用雙臂竹搬子硬擋來腿（圖1-282），這樣常可令對方脛腓骨受傷。格腿之後身體右轉並前靠，用左肘竹搬子横擊歹徒下頜部（圖 1-283），重創歹徒。

圖 1-280

圖 1-281

圖 1-282

圖 1-283

三、運用膝搬子搏擊法

　　肘、膝的殺傷力通常比拳腳要大許多倍，綁上搬子以後更使其威力倍增。但我們在運用膝、肘搬子時一定要注意，歹徒沒有進入我膝、肘的殺傷範圍之前絕不可輕舉妄動。此

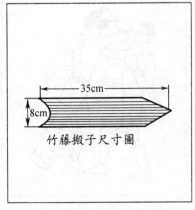

竹藤搬子尺寸圖

圖1-284

圖1-285

時動手，無異於打草驚蛇，後果實難預測。一定要假裝軟弱，誘使歹徒放心靠上來搜包或動手，這時抓住良機突然發難，則財命可保。你死我活之際切不可心存慈悲，不動則已，動則要全力以赴。打完以後更須立即脫離現場再行報警，以防不測。

　　膝搬子的製作與肘搬子無異（參見肘搬子製作方法），尺寸如圖1-284所示。佩戴方法不同處在於需要買兩副護腿（小腿用），下端用縫紉機把邊連起來再裝入竹搬子，四周用針線固定，搬子尖端留在外面，套在小腿之上，如圖1-285所示。由於膝攻的距離太短，靈活性也比肘差，故使用膝搬子搏擊法時一定要用雙手輔助，最好抓住歹徒頭髮，或勾住脖頸，或抓住領部或勾抓住雙肩，這樣雙手回拉、提膝前撞才不會落空，具體使用方法如下。

① 雙勾頭膝撞法

　　與敵相搏中，向前伸出雙手抱住其頭部（圖1-286），

圖1-286

圖1-287

雙手猛力回拉，迅速提膝迎擊，用膝搬子尖端猛撞歹徒心窩（圖1-287）。

② 反勾頭橫擊法

與敵糾纏過程中伸出左手反勾住歹徒頸部後拉，同時提膝橫擊歹徒軟肋部（圖1-288）。

③ 控手頂擊法

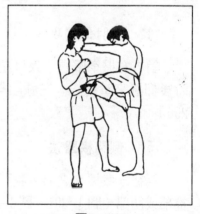

圖1-288

實戰中對方右直拳擊頭，我可用左手由其肘關節處往前撥格來拳，右手由下向上反拉其前臂，雙手合力後拉，同時起右膝頂擊其襠部要害（圖1-289）。

圖 1-289

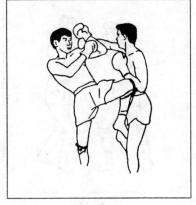

圖 1-290

④　屈肘仰閃攻

對方右擺拳擊頭，我可左手由他胸前屈臂回收，身體同時後仰讓來拳落空，左膝順勢前頂，猛擊其腹肋部（圖1-290）。

⑤　側閃橫擊法

歹徒向我撲來之際，我可身體右側閃，用左膝橫擊歹徒襠部或肋部（圖1-291、圖1-292）。

⑥　抓髮拍壓頂膝法

歹徒右直拳攻來，我可身體左側閃讓過來拳，同時伸出雙手，右手抓髮，左手抓肩，然後合力回拉，右膝搬子尖端猛撞其軟肋處（1-293）。

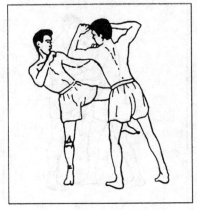

圖1-291

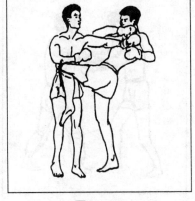

圖1-292

圖1-293

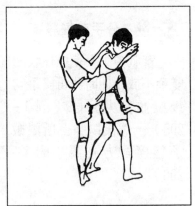

圖1-294

⑦　後抓肩側頂法

歹徒搶了我的東西欲逃跑之際，我可迅速由後追上，雙手抓肩側後拉，迅速提右膝，用竹搬子尖端猛擊歹徒軟肋部（圖1-294）。

圖 1-295

圖 1-296

⑧　分手前撞膝

　　實戰中，歹徒抓住我的
雙手不放，此時我可雙手向
後拉並努力分開（圖 1-
295），然後以膝上所戴搬
子猛撞對方心窩（圖 1-
296）。

⑨　拍拳勾頭斜撞法

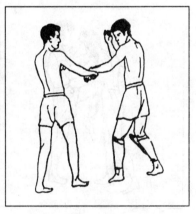

圖 1-297

　　歹徒用右勾拳擊腹，我
可用左手向下拍壓來拳（圖 1-297），同時伸右手反勾歹徒
頭頸部（圖 1-298），右手勾頭回拉，右膝同時斜提上迎，
用竹搬子尖端狠撞歹徒心窩（圖 1-299）。

圖 1-298

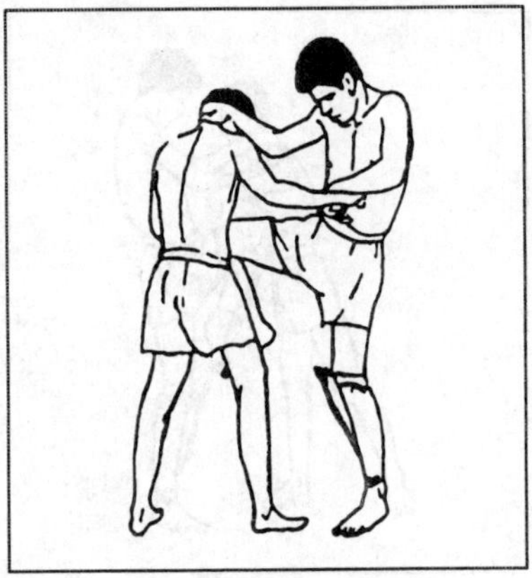

圖 1-299

圖 1-300

圖 1-301

⑩　切臂拉肩前撞法

歹徒用右擺拳擊頭，我可在他預擺回拉時身體前靠，用左前臂前切其肘彎內側（圖 1-300）。一旦切住來拳，立即伸出右手抓按他的肩部（圖 1-301），雙手猛力回拉，同時提膝前頂，用左膝上綁的搬子尖猛撞歹徒心窩（圖 1-302）。

圖 1-302

圖 1-303

圖 1-304

圖 1-305

⑪ 雙搭肩撞膝法

實戰中可雙肘夾緊，兩拳護心，在與歹徒接近的瞬間突然雙手前伸，抓按住對方雙肩回拉，並猛提膝撞擊他胸腹部（圖 1-303、圖 1-304、圖 1-305）。

圖1-306

圖1-307

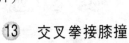 12　架肘沖拳側撞法

實戰中，歹徒欲以砸拳擊我，我可用左手迎進並上架其手臂，右沖拳攻擊他的腹腔大神經處（圖1-306），趁他腹部被擊身體前弓之際，再提右膝猛攻其軟肋處（圖1-307）。

圖1-308

13　交叉拳接膝撞

歹徒用左直拳擊頭，我的身體可略微右側閃，用右手由對方肘關節處向內格拍來拳，左直拳同時猛擊其面部（圖1-308）。不論擊中與否，應立即變掌反勾他的頸部並猛力回拉，同時用左膝搬子尖端迎撞他的腹部或襠部（圖1-309），可重創不法分子。

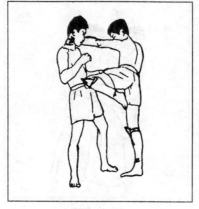

圖 1-309

圖 1-310

⑭ 頂膝破抓肩

糾纏中若被歹徒抓按雙肩（圖1-310），此時應在其提膝之前搶先提膝猛攻他的襠部要害（圖1-311），可重創歹徒。

⑮ 連擊法

實戰中也可先發制人，搶先用左直拳擊頭（圖1-

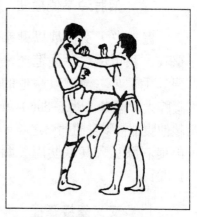

圖 1-311

312），若對方後退閃過，我則立即上步蹬擊他的襠部要害（圖1-313），再順落步之勢身體前趨，伸出雙手抓按他的肩部（圖1-314），一旦按住應立即全力回拉，同時提膝前頂，用搬子尖端猛攻歹徒腹部或襠部（圖1-315）。

圖 1-312

圖 1-313

圖 1-314

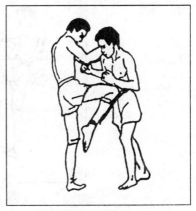

圖 1-315

16 以膝破腿法

實戰中歹徒若用腿攻我，我可先利用身體將來腿抱住
（圖 1-316），然後再提膝用竹搬子尖端猛擊其露出的襠部

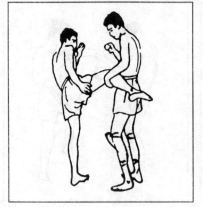

圖1-316

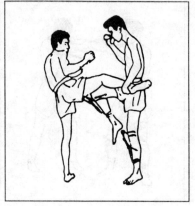

圖1-317

圖1-318

要害（圖1-317）。

　　若有把握，還可在他起腿瞬間同時提膝迎擊他的小腹或襠部（圖1-318），可重創歹徒。

第二章　一招制敵法

　　前一章我們針對那種既謀財又害命的十惡不赦的惡劣犯罪行為，為大家傳授了一些動作儘可能簡單然而效果卻儘可能顯著的防身自衛方法。在遇到意外傷害時，只要臨場冷靜，敢於大膽運用，必定會令歹徒心驚膽寒。

　　本章中，我們針對一些只謀財、不害命，或僅是不懷好意，但無十分惡劣行徑的違法侵犯行為，或是酒後的一時失態，或是神經遭受刺激，一時不能自控的行為，為大家傳授一些一招制敵的功夫。

　　在我們的人身安全遭到不法侵害的時候，不會保護自己，將使自己受到無辜的傷害。若不分青紅皂白，一味使用一擊必殺的極端方法，則很容易造成「防衛過當」，事後追悔莫及。所以，應根據不同的違法犯罪性質，確定用何種類型的防衛方式才是最明智的。

　　在一招制敵的各種方法中，利用擒拿技術和簡單的快摔法是最簡捷、最容易成功的方法。

第一節　擒拿法概論

　　在擒拿法中，包括擒拿基本技術、實戰擒拿技術和反擒拿技術三大類，若一一道來，篇幅實在太大。本章中，我們從一招制敵的實際需要出發，主要給大家介紹實戰擒拿技術和部分反擒拿技術，旨在使讀者在遇到實際危險時採取能拿

則拿、不能拿則打、打不過則跑的禦敵之法。為了讓讀者對擒拿技術有一個更為全面深入的了解，我們先把擒拿技術的概況和要旨為大家作一個簡略的介紹。

擒拿技術就是運用點、搬、拿、扣、切、壓、分、鎖、捲、纏、靠、逼等各種手法，最大限度地有效限制對方各關節的運動自由度，運用外力迫使其關節超過最大活動範圍而感到劇痛難忍、被迫就範的一種震攝制敵技術。

擒拿基本技術包括擒指技術、擒腕技術、擒肘技術和肩、頭控制技術。以以弱勝強著稱於世的峨眉派武功，千百年來秘不輕傳的一大秘旨就是針對對方要害及關節的薄弱處，予以無情的打擊。擒指技術的要領，一是要習慣抓握對方纖細而靈活的手指；二是要掌握迫使對方指關節向背伸、側屈的方向超出生理極限的技術要領。

在實戰中運用擒腕術的機會最多，運用範圍也很廣，最常見的方法是利用對方抓拿或拉扯我身體某部位時產生的作用力，將他的抓拿點作為支點，再運用我的手腕或身體某部位作為力點，用最相宜的方法，作用於他的阻力點（即運動角度最小、神經最敏感的那一點）。此外，也可主動出擊，迅速抓握對方的手掌或腕部，運用外力，迫使他的腕關節旋外或旋內而制伏對方。

具體使用時第一步應順著對方的用力方向或生理習慣，不知不覺地改變其運動軌跡，使他不自覺地處於手腕旋內或旋外、尺、橈二骨相互擰絞的被動局面。在極力保證自己寬鬆的運動自由度的前提下，採用螺旋勁（扣，擰，捲）加槓杆勁（切壓）的正確聯合發力方法，向對方背勢死角方向發起攻擊，使其腕關節超出正常的生理活動極限。

肘肩擒拿法由於肘、肩生理構造上與腕部不同，通常需

借助腕、指擒拿法作為開路先鋒，在迫使對方的肩肘關節已接近死點時再向外拐、上挺，立肘後倒、垂肘後別這幾個方向發起進攻。

頸椎係神經中樞的必經之道，故頸部遭到暴力打擊或超出生理極限的擰扭後可能致使頸椎錯位或骨折，導致上、下身癱瘓，故擒頭之法主要運用左右擰扭、後搬和夾頸固定的方法。

總的來說，不論採用何種擒法，首先應使自己便於用勁，應保持在迫使對方關節已超出其生理運動極限後，自己的身體各部位還存在較大的自由運動度；其次是施力於對方關節運動度最小、神經最敏感的阻力點後，一定要向其身體穩定角最差的一面牽帶或逼壓，才能使對方完全喪失回旋的餘地；最後是能拿死、能拿穩最好，萬一拿不穩、拿不死則應立即變拿為打，爭取在重創歹徒後立即脫離危險現場或高聲呼救。擒拿術在實際運用中應注意以下幾條原則：

① 讓對方不知不覺地進入圈套

在面對身強力大的歹徒時，千萬不可強拉硬牽，過早暴露自己的目的。應在未施術前一方面用語言麻痺對方，令其放鬆警惕，同時再順著對方的生理習慣方向或用力方向前靠，在前靠的過程中悄悄地令其各有關部位不知不覺地進入死角，達到接近生理運動極限的位置。

② 運用正確的方法，著力於對方的真正阻力點

實戰中，不論使用纏法、扣法、捲法還是切法，一定要著力於敵人運動度最小、痛覺神經最豐富的那一點。不可過之，也不可不及。對於這個「點」，一定要與伙伴經常切磋

和感受，方能準確掌握。

③ 採用己順彼背的正確發力方法

任何時候都要盡量確保自己好發力、好用勁而對方無法回避，無法反抗的局面，使對方完全能為自己所控制。若要震懾對方後脫離，一定要運用身體的整體力量，針對其要害或薄弱之處予以無情的打擊。只有這樣，才能使自己免遭再次侵害，確保安全脫離。

第二節　實戰擒拿技術

在掌握了擒拿技術基本要旨之後，如何在日常生活中和實戰中靈活運用就上升到了主要地位。正如古人所云：「跌而不打則跌輕，打而又抓則打重，抓而不拿則抓鬆，拿而又跌則拿硬。」將各種基本擒拿法與實戰搏擊方法和擊倒快摔術有機地結合在一起，必定能使你的實戰自衛能力倍增。

一、利用握手制伏歹徒

「喂，老張，好久不見。」一邊說，一邊對可疑分子「友好」地伸出手去……在切實掌握了不法犯罪分子的證據後，在其不法行為發生之前將其擒獲，能最大程度地減少其對社會，對人民群眾的傷害。因而是一種值得提倡的方法。利用握手正是這樣一種方法。

① 拇指壓擒敵

面對你的友好，可疑分子往往會困惑而遲疑不決地伸過手來（圖 2-1）。我可在其剛與我手接觸之時，略提肘，外

圖 2-1

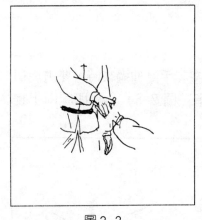

圖 2-2

圖 2-3

下翻，拇指按壓住其拇指側的掌指關節，食指前伸（圖 2-
2）。拇指用力向下按壓，食指別住其拇指的上端用力反別，
對方因拇指劇痛而胸腹前凸，此時我可用右邊腿猛抽其腹胸
部（圖 2-3）。

　　收腳再右手腕擒指側下翻捲，令對方被迫向下伏地（圖

圖 2-4

2-4）。

② 雙扣指擒敵

當對方比較強壯的時候，在其手剛伸過來時，雙方虎口
剛一接觸，我立即沉腕扣食指（圖2-5），隨即腕向上提

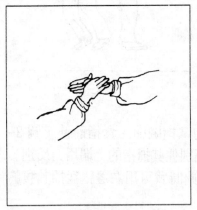

圖 2-5

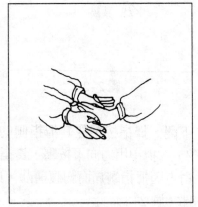

圖 2-6

圖 2-7

翻，前壓對方的拇指，使他其餘的四指不自覺地分開，然後我左手虎口卡住對方的小指（圖 2-6），右手內翻別壓其拇指。接著左手食指回扣，雙手同時沉腕並下拖，則可迫使對方爬伏於地（圖 2-7）。對方若妄圖掙扎，我則可以突然鬆手，用右膝頂擊對方面門（圖 2-8）。

圖 2-8

③ **握指翻重創法**

記住，能逼迫歹徒爬伏在地，即意味著擒獲成功。若做不到這一點，則可用方法迫使他雙腳提踵。如，握歹徒伸來之手後，隨即握其手逆時針反擰，四指同時扣住其小指（圖2-9）。一旦扣緊對方小指，立即變勁，順時針

圖 2-9

方向握翻他的手腕，同時以無名指用力扣住對方小指側的掌指關節，向上坐腕搣指（圖2-10），則可令他因護痛而提踵（圖2-11）。這時身體略後倒，發左踹腿則可重創他的軟肋部（圖2-12）。發右踹腿還可攻擊他的咽喉或心窩處（圖

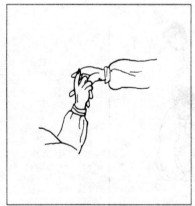

圖 2-10

圖 2-11

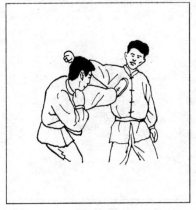

圖2-12

圖2-13

2-13）。

二、悄然逼近制伏對方

在沒有引起不法分子的注意之前，則可運用悄悄逼近，出其不意、攻其不備的方法制伏對方。

① 挾肘分指鏟腳

從歹徒側後方主動抓握其無名指和小指（圖2-14），手臂前伸並後收，置對方上臂於我肘彎之中（圖2-15）。左手推壓住其肘關節，右手拇指上頂其掌指關節，其餘四指緊握他的手指後拉，令其產生巨痛（圖2-16）而雙腳

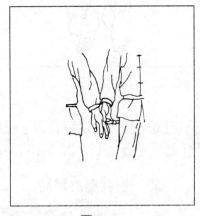

圖2-14

圖 2-15

圖 2-16

圖 2-17

圖 2-18

不自覺地提踵，這時我腳下輕輕一勾，則可輕輕鬆鬆地令歹
徒倒地（圖 2-17、圖 2-18）。

② 撅指壓肘踢肋

此外，如圖 2-19 從後面抓握歹徒的手指以後，還可扣腕

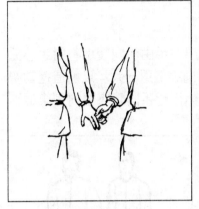

圖 2-19

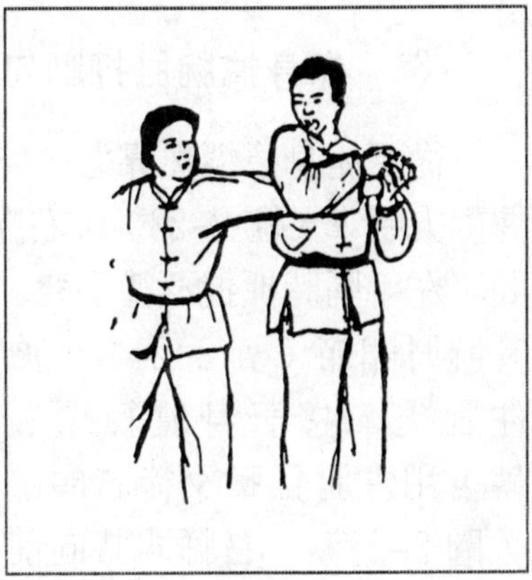

圖 2-20

圖 2-21

圖 2-22

狠捲他的手指，令他手臂不自覺的上抬，此時，我可屈臂壓
住他肘關節後方（圖 2-20），左手托其腕部，右手繼續屈腕
分指同時用上臂使勁下壓其肘關節，則可令對方護痛伏地
（圖 2-21），此時側向推其手臂即可令對方側倒，緊接著我
可起身用腳踏踢對方軟肋要害（圖 2-22）。

③ 靠身擒腕肘打腳勾

從歹徒身後悄然靠近，伸出右手由前向後手心對手心抓握對方手掌（圖2-23）。右腳向後倒退一大步以創造運動空間，左手同時抓握歹徒手背，然後雙手同時夾緊向側後猛別其腕肘關節（圖2-24），擒住對方。接著身體繼續右轉，用左肘猛擊歹徒右頜部（圖2-25），右腳同時向前勾鏟歹徒左腳，可十分輕鬆地將其打倒（圖2-26）。

④ 別肘夾頭摔

從歹徒側前抓握其右腕（圖2-27），左腳上一大步到他側後，用胸部靠住其肘

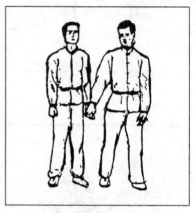

圖2-23

圖2-24

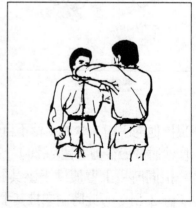

圖2-25

處，右手採腕猛後別，同時左手伸出後攔頸部（圖 2-28）。
然後身體左後轉身，左腳退一大步，左臂夾緊其脖子，順轉
身之勢後下別，即可令對方後倒（圖 2-29、圖 2-30）。

圖 2-26

圖 2-27

圖 2-28

圖 2-29

圖 2-30

圖 2-31

⑤ 撅腕穿鎖擊肋

從前側突然抓對方的手背（圖 2-31），食、中指扣住其合谷穴向外猛扣，同時順時針方向用力撅擰其手腕，令其手臂巨痛右肘不自覺地上抬，然後將左手由其肘彎之中穿出前壓（圖 2-32），令其身體前俯，此時提右膝橫撞對方胸腹或軟肋

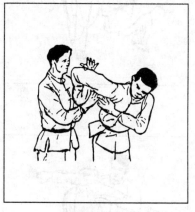

圖 2-32

（圖 2-33），必能重創歹徒。也可左掌使勁向下拍按其肘關節，左臂上撬，身體前俯，則可擒獲對方（圖 2-34）。若對方妄圖用左手幫忙，還可乾脆鬆掉右手，抓住其腕反擰，將使歹徒更加痛苦不堪。

圖 2-33

圖 2-34

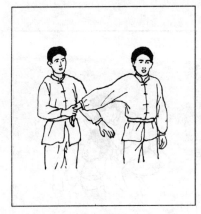

圖 2-35

圖 2-36

⑥　撅腕拉臂頂襠砸腦

　　我突然從側面抓住歹徒右手背並令其扣腕（圖 2-35）。
對方手腕被撅扣，必然護痛屈肘，這時，我立即用左手上抬
其臂並由他肘關節上方反拉其上臂（圖 2-36）令其身體前

圖 2-37

圖 2-38

俯，緊接著猛用右膝上頂其
襠（圖 2-37）。我雙手若
繼續前拉，則可令歹徒前仆
（圖 2-38）。欲重創對方
則可以左肘尖向下猛擊歹徒
後腦（圖 2-39）。

⑦　撅腕疊臂

悄悄接近歹徒，趁其不
備時突然以右手抓握他右手
背，左手由下托抓其肘關節
下方（圖 2-40），然後左

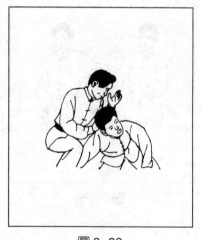

圖 2-39

手後拉其肘，右手前推並下撅其腕（圖 2-41）。上動不停，
左手變為托肘前頂，右手使勁撅腕後拉，則可令對方因疼痛
而雙腳提踵，此時可放手以右邊腿猛擊他的心窩斗口處（圖

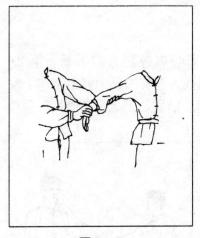

圖 2-40

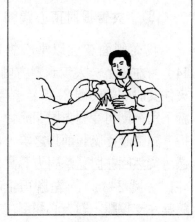

圖 2-41

圖 2-42

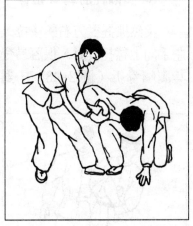

圖 2-43

2-42），重創對方。若想直接擒獲對方，則右手變為撅腕下
扭，左手推他肘關節向右手擠壓，則可令其因疼痛而下蹲
（圖 2-43）。

8 夾臂提肘頂心踢腳

我從側面突然以掌心對掌心抓握對方的手掌（圖2-44），左腳上一大步到對方側後，左臂由其上臂上方向下反夾住其肘關節（圖2-45）。若左前臂使勁上提其肘，右手抓腕下別，則可令對方肘關節骨折。對方護疼胸腹前頂之際，還可突然回左肘猛擊對方心窩斗口（圖2-46），左腳再上踢其左支撐腿，對方必翻倒在地（圖2-47）。

圖2-44

9 撬托肘轉身扭摔

突然抓握對方右腕後拉，左手向上猛托其肘，很容易令其鷹嘴骨折（圖2-48），對

圖2-45

圖2-46

方護痛必然收臂屈肘，此時我可順勢推腕拉肘，右腳上一大步到他側後，同時以右肘橫擊他的面部，令他頭部本能後仰，然後我右手擒腕向前下方撅壓，左手擒肘向上撬托以擒住對方（圖2-49）。

這種情況下我若身體向左擰轉則可令對方倒地（圖2-50）。

圖2-47

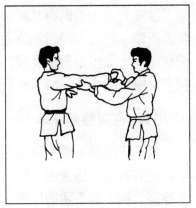

圖2-48

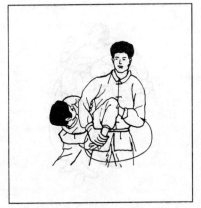

圖2-49

圖2-50

10　反提臂摔

　　我用右手突然抓握對方的右腕（圖2-51），右腳上一大步到他側後，左手同時協同抓握敵腕並將其肘置於我左肩之上（圖2-52），身體向右擰轉並弓腰，雙手拉腕並以肩關節反擔其臂（圖2-53），輕則可擒獲對方，重則將其肘關節折斷。此時若向右下方俯腰轉身，即可令對方從我背上反摔而過（圖2-54）。

11　捲腕踢臉牽羊

　　趁歹徒不備，突然用左手抓握其右腕並迅速由下向上外翻其腕，右手隨即以拇指按握其手背，四指緊扣其

圖2-51

圖2-52

圖2-53

掌側大魚際處（圖2-55、圖2-56）。左手迅速將腕轉為拇指向前按壓其手背，四指扣其小魚際處（圖2-57）。此時若欲重創對方，僅需身體略後側，以右邊腿猛擊其面部即可（圖2-58）。若欲擒獲對方，則需雙手繼續向外、向下捲按其腕，則可逼使對方隨我用勁而仆倒在地（圖2-59）。

圖2-54

圖2-55

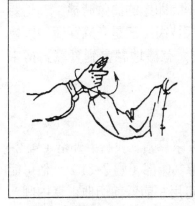

圖2-56

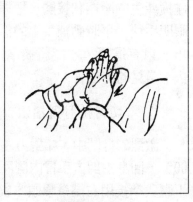

圖2-57

圖 2-58

圖 2-59

三、打中拿法

有人說：「好拿不如拙打。」其意思就是說，在實戰中，特別是在激烈的對搏中，拳來腳往，雙方較少抓扯，給擒拿技術的實施造成了一定的困難。

在這種情況下運用擒拿技術，一是要善於運用雙方手臂碰撞產生的摩擦和接觸，把握一閃即逝的擒敵時機；二是要眼明手快，平時勤練手上的抓採技術；三是多練穿臂鎖頭技巧。只有這樣，才能將擒拿技術有機地融會到實戰對搏中去。常見的方法有：

① 切臂拉肘頂襠法

激烈的打鬥中，如對方左直拳擊頭，我右手外格（圖 2-60），回身由對方手臂內側反擊其頭部（圖 2-61），他可能下壓我拳後用右擺拳擊頭，我可用左前臂前切他上臂內側，令他的擺拳無法打中我（圖 2-62），再用右平勾拳反擊他頭

圖 2-60

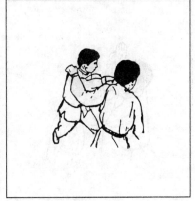

圖 2-61

圖 2-62

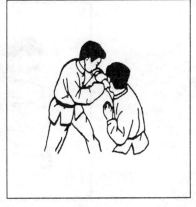

圖 2-63

部（圖 2-63）。然後趁其頭部被擊後仰之際，右臂由他右腋下穿出（圖 2-64），左臂上推，右手下拉（圖 2-65），擒獲對方。此時欲重創歹徒還可用右橫打膝猛攻他襠、腹部（圖 2-66）。

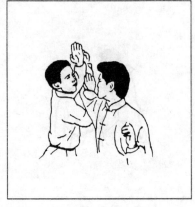

圖 2-64

圖 2-65

圖 2-66

② **磕腿探腕，絞臂勾踢**

實戰中，我先用右拳假擊對方頭部，他必起手防格（圖 2-67），趁他注意力防上的機會，我墊步右磕腿擊他膝關節

圖 2-67

圖 2-68

圖 2-69

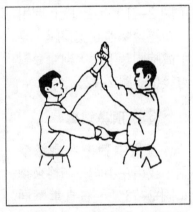

圖 2-70

內側（圖 2-68）。

　　他若用右直拳反擊，我可右腳後擺，左腳向左前斜進半
步，右手反格採腕（圖 2-69）。對方若用左直拳擊頭，我此
時用左手護面上格（圖 2-70），左手採腕下拉，右手擒腕

圖 2-71

圖 2-72

上別，令其雙臂肘關節反別
（圖 2-71）。此時上步用
左勾踢鏟擊他右支撐腿，雙
手擒腕同時下壓，則可令對
方後倒（圖 2-72）。

圖 2-73

③ 頂鼻鎖臂

實戰中對方右擺拳擊
頭，我用左手向外切格來拳
（圖 2-73），右直拳擊面
後反掌勾頭回拉，右頂膝擊
鼻（圖 2-74、圖 2-75）。右膝落地後，左手由對方腋下穿
出（圖 2-76），身體向右下俯，左臂別住他右臂隨身體下俯
而屈肘下按，即可擒住對方（圖 2-77）。

圖 2-74

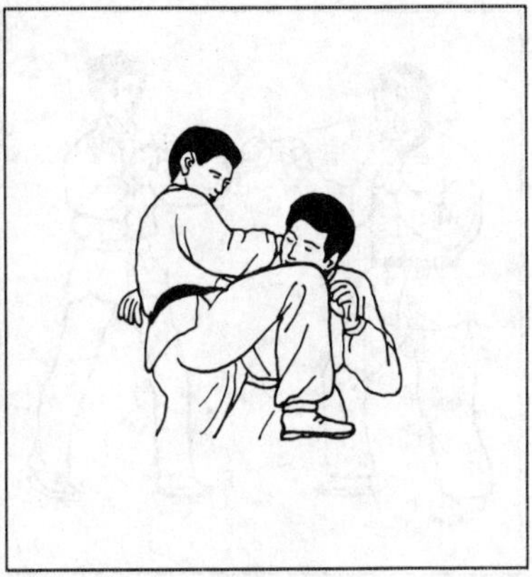

圖 2-75

圖 2-76

圖 2-77

④　劈面鎖肩

　　與敵相峙（圖2-78），對方右直拳擊面，我可用左手由外向內拍壓來拳（圖2-79）。左手隨即採腕下按，右拳由上向下劈擊他面部（圖2-80）。

圖 2-78

圖 2-79

圖 2-80

圖 2-81

趁對方面部受到打擊後仰之際，右臂由下向上挑起他右臂（圖 2-81）。右臂繼續上挑前穿，左手推他手腕向後上方反扭（圖 2-82），然後右臂轉腕屈肘向我身體方向夾鎖對方肩關節（圖 2-83）。

圖 2-82

圖 2-83

圖 2-84

圖 2-85

⑤ 潛閃攻腹壓臂

　　對方右擺拳擊頭，我可在其拳打來的瞬間下潛，頭部往他腋下死角處躲閃（圖 2-84），右手勾拳同時擊腹（圖 2-85）。然後身體由對方身體側後方撐起，左平勾拳猛擊其後

圖 2-86

圖 2-87

圖 2-88

腦（圖 2-86）。接著右手快速抓住對方右腕，左手掌心對掌心抓其右手，雙手同時旋內將其右腕擰撅，令其因護疼而右肘上抬（圖 2-87）。接著雙手撅腕上提後拉，左肘同時壓按對方肩臂部，即可擒住對方（圖 2-88）。

圖 2-89

圖 2-90

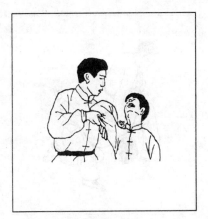

圖 2-91

⑥　拉肩頂腹托肘

　　對方右擺拳擊頭，我可用左手豎前臂外格來拳（圖 2-89），右手抓其右肩回拉，同時右頂膝擊腹（圖 2-90），然後右手由對方腋下托拉其肘關節，左手向前下壓其腕，即可擒住對方（圖 2-91）。

圖 2-92

圖 2-93

圖 2-94

⑦ 別肘按臂

敵我對峙（圖 2-92）。對方發右沖拳擊胸，我可右側閃，右手採對方右腕順牽，左臂猛別其肘關節（圖 2-93）。

趁對方肘關節被別身體前沖之際，左手下按其肩，右手抓住對方右腕上提，即可令對方爬伏在地（圖 2-94）。

圖 2-95

圖 2-96

圖 2-97

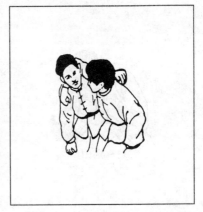

圖 2-98

⑧　踢頭鎖喉

　　實戰中我先以左直拳擊頭（圖2-95），不論對方防與不防都立即用右邊腿攻擊其頭部（圖2-96）。對方用左手防格後必會用右直拳擊頭，此時我應落腳用右手正格來拳（圖2-97）。然後左手由其腋下後穿（圖2-98），抓住他的頭髮使

圖 2-99

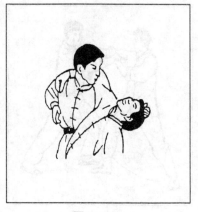

圖 2-100

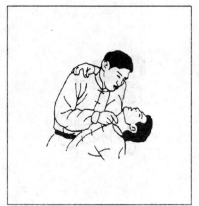

圖 2-101

圖 2-102

勁後拉（圖 2-99），迫使其頭部後仰，緊接著用右手卡爪鎖按他的喉頭兩側擒住對方（圖 2-100、圖 2-101）。

⑨ 封格手拐肘

實戰中我先用右沖拳擊對方面部（圖 2-102），對方若

圖 2-103

圖 2-104

圖 2-105

圖 2-106

防格後用右沖拳反擊，我可右手順勢向下按拍來手（圖 2-103），左沖拳由右臂上方直擊對方面部（圖 2-104），擊面後下按採腕，換右直拳再擊（圖 2-105），然後回拳屈肘下砸對方右臂，左手上扭其手背（圖 2-106），緊接著右腳上一大步到對方側後，右肘反掛其肘關節，即可令對方倒地

圖 2-107

圖 2-108

圖 2-109

（圖 2-107、圖 2-108）。

10　擊頭反鎖喉

　　實戰中對方右擺拳擊頭，我可用左前臂截封其肘內側，同時右平勾拳擊其頭部左側（圖 2-109），緊接著身體右

圖 2-110

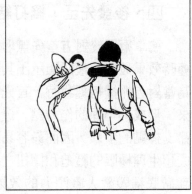

圖 2-111

圖 2-112

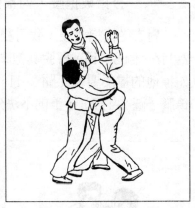

圖 2-113

擰，再發左平勾拳擊其頭部右側（圖 2-110）。然後身體再
度左擰轉，用右邊腿抽打其面門（圖 2-111）。不等對方回
過神，身體前靠，以右臂圈夾對方頸部（圖 2-112），扼住
對方咽喉後身體右後轉，擒獲對方（圖 2-113）。

四、後發先至，擒打結合

擒拿術用於對方首先無理對我人身進行騷擾、抓扯、抱纏時效果最好，最能顯示出其四兩撥千斤的優越性，這是因為當對方抓扯抱纏我時，首先將自己的關節與我身體聯繫起來，形成了牢固的作力點，這時我欲施術，省去了尋找反關節支撐點的步驟，因而最容易成功。在成功地對對方關節形成超生理極限的壓迫和擰扭之後，再對其施以重擊，更能收到徹底摧毀敵人戰鬥力的效果。為此，本節中我們就最常見、最普遍的解脫擒拿法為大家融進一些擒打摔結合的戰例。

① **分指破抱腰，勾襠劈頭**

對方從後抱我腰，我可雙手抓其指向兩側強行分撕（圖2-114、圖2-115）解脫其抱腰，身體微側前俯，用右腳後跟勾撩他的襠部要害（圖2-116）。起身再用左鞭拳反劈對方後腦（圖2-117），重創不法分子。

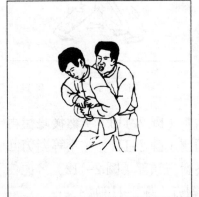

圖2-114

圖2-115

② 纏腕擊頭

對方右手抓握我右腕（圖2-118），我先以左手反拍其手背，右手屈肘，翻腕反搭住其腕，扣壓旋轉，用纏腕術擒住對方手腕（圖2-119）。

圖2-116

圖2-117

圖2-118

圖2-119

圖 2-120　　　　　　　　　圖 2-121

圖 2-122　　　　　　　　　圖 2-123

　　在纏住對方手腕後，順牽下壓，左手下拍並向外牽甩其手臂（圖 2-120），騰出右手貫拳猛然擊其頭或下頜（圖 2-121），重創對方。也可在圖 2-120 的基礎上左腳上前一步，

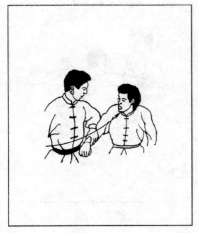

圖 2-124

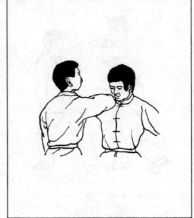

圖 2-125

圖 2-126

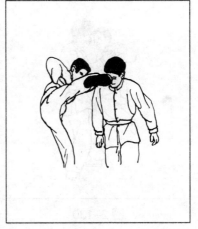

圖 2-127

右挑肘擊頭（圖 2-122、圖 2-123），或盤肘擊頭（圖 2-124、圖 2-125），或雙手下按，左頂髖，用右邊腿擊頭（圖2-126、圖 2-127）。

圖 2–128

圖 2–129

圖 2–130

圖 2–131

③　纏腕擊心

　　纏住對方手腕以後（圖 2–128），先順牽，使其身體前傾（圖 2–129），然後提膝猛然撞肋或撞心窩（圖 2–130、圖

圖 2-132

圖 2-133

圖 2-134

圖 2-135

2-131、圖 2-132），重創對方。也可以順牽後（圖 2-133），
以勾拳擊打心窩（圖 2-134）。若對方被擊時有彎腰反應或
以左手拍壓我的勾拳（圖 2-135），這時我則可再撐腰轉
體，用左肘攻擊對方頭部或頸部（圖 2-136、圖 2-137）。

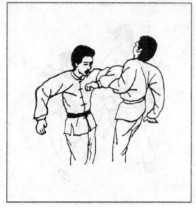

圖 2-136

圖 2-137

圖 2-138

圖 2-139

④ 壓肘擊頭

　　對方右手虎口朝上正抓我左腕（圖 2-138），我可先用右手反抓其倒拐處（圖 2-139），左手上推其腕，右手拉其肘關節，擒住對方（圖 2-140）。再突然放手，用右肘猛擊

圖 2-140

圖 2-141

圖 2-142

圖 2-143

對方頭部（圖 2-141）。

⑤　拉肘擊腹

對方如圖 2-142 抓腕，我右手由下反抓對方倒拐處（圖 2-143），左手反別其腕，右手拉肘擒敵（圖 2-144）。我拉

圖 2-144

圖 2-145

圖 2-146

擒住對方後，重心迅速前移，提右膝撞擊其心窩或腹部（圖 2-145）。

6 別腕擊頭

對方抓領，我先以雙手扣壓其腕（圖 2-146），然後，

圖 2-147

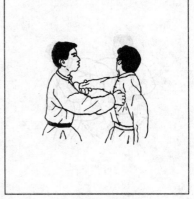

圖 2-148

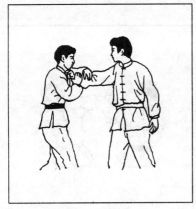

圖 2-149

圖 2-150

先別腕順牽，使他身體前撲（圖2-147），然後突然回身用
拳猛擊其面部或心窩（圖2-148）。也可在對方抓領時，左
手反扣其虎口食指側，右手緊握其腕（圖2-149），然後向
左擰身，以牽羊反扭掌的方法反扭其手（圖2-150），趁對
方頭部前俯的時機，我突然回身，以左貫拳攻擊對方的面

圖2-151

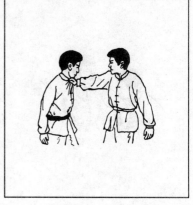

圖2-152

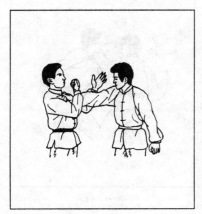

圖2-153

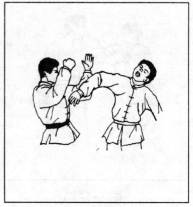

圖2-154

部，重創對方，如圖2-151所示。

⑦　斷臂擊腹

對方抓領（圖2-152），我可以左手在前，右手在後，

圖 2-155

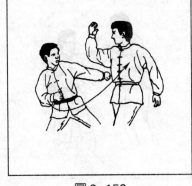

圖 2-156

圖 2-157

對錯勁攻擊對方肘關節（圖 2-153），當對方護痛放手時
（圖 2-154），立即提膝撞擊他的腹部或襠部（圖 2-155）。
斷臂後也可以沉身（圖 2-156），肘擊其腹部（圖 2-157）。

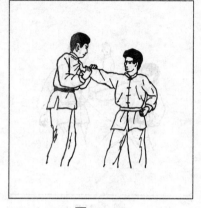

圖2-158

圖2-159

圖2-160

圖2-161

⑧　扭腕踢襠

　　對方抓領（圖2-158），我可以反扭其腕（圖2-159、圖2-160），使其因為護痛側移，露出襠部，然後迅速彈腿擊襠，重創對方（圖2-161）。

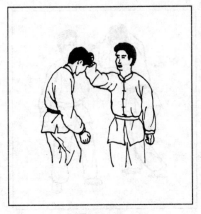

圖2-162

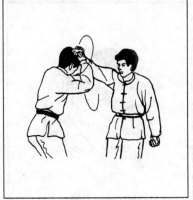

圖2-163

圖2-164

⑨ 破抓髮反擊

對方抓頭髮（圖2-162），我可先壓腕控制對方（圖2-163），然後由左向右旋轉下壓，反扭其腕，令其身體前傾（圖2-164），再突然鬆手，以肘挑擊對方下顎部位（圖2-

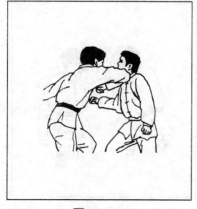

圖 2-165

圖 2-166

圖 2-167

圖 2-168

165），重創對方。也可以在扭腕的同時邊腿擊腹或彈腿擊襠
（圖 2-166、圖 2-167、圖 2-168）。還可以在對方抓我頭髮
時（圖 2-169）雙手緊按其手，以腰帶頭，由上向下、向右
上反扭其腕，使對方因疼痛而雙腳提踵，身體後仰（圖 2-
170）。然後突然鬆手，下蹲坐肘，以肘尖猛擊對方軟肋部位

圖2-169

圖2-170

圖2-171

圖2-172

（圖2-171）。

10　拉肘撞心

　　對方擺拳擊頭，我用左手格住（圖2-172），右手前伸
拉肘（圖2-173）上推下拉擒住對方，然後提膝猛撞其心

圖 2-173

圖 2-174

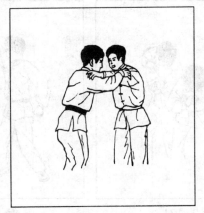

圖 2-175

窩，重創對方（圖 2-174）。

⑪ 別腕擊頭破抓肩

對方抓握我的雙肩（圖 2-175），我右手由下向上抬掉對方左手，左手由上向下壓住對方右腕，身體猛然向右擰轉

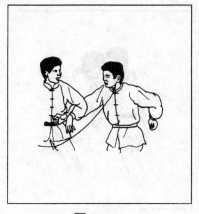

圖2-176

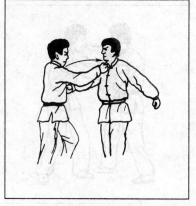

圖1-177

圖1-178

迫使其身體側前傾（圖2-176），再突然回手發右拳攻擊其
面部（圖2-177）。上動不停，身體向右擰轉，再以左肘橫
擊對方右下頜（圖2-178），重創對方。

圖 1-179

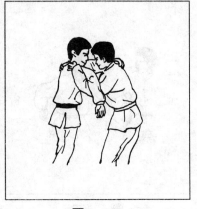

圖 1-180

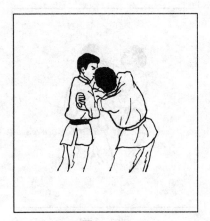

圖 2-181

⑫ 提肘反摔

對方與我互抓雙肩（圖2-179），我右手由外向內反夾其肘，即可擒住對方（圖2-180、圖2-181）。但此時也可以改變戰略，在即將擒住對方之際突然蹲身，左手操其腳踝，

圖 2-182

圖 2-183

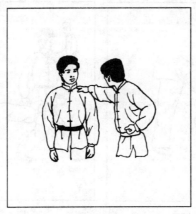

圖 2-184

右手提肘（圖 2-182），同時起身用力上拋其腿，即可將對方摔倒（圖 2-183）。

13　提肘勾踢

對方右手拍抓我肩部（圖 2-184），我用右手反壓其手

圖 2-185

圖 2-186

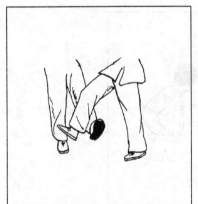

圖 2-187

圖 2-188

臂，左手向後、向上繞過對方手臂（圖 2-185），然後屈肘上夾，操提其肘，擒住對方（圖 2-186）。乘對方提踵、身體反弓、重心後揚之際，左腳勾踢其腿（圖 2-187），他必翻無疑（圖 2-188）。

實際上，擒打摔的結合並不只侷限於拿住對方後再加

圖2-189

圖2-190

打、摔，實戰中，往往在一拿
不能奏效的情況下，立即變拿
為打，或變拿為摔，反而更能
收到事半功倍的效果。下面舉
幾例以供參考。

⑭　扭腕勾踢

　　對方左直拳擊頭，我身體
向右轉，右手反接其腕，左手
前抱其前臂（圖2-189），雙
手控制來手由上向左、向下擰

圖2-191

扭。若一時不能擒住對方，則乾脆放手借勁用右勾踢腿鏟擊
對方左腳（圖2-190），雙手反拍其胸，將對方打倒（圖2-
191）。此外，也可在扭腕不能成功的時候（圖2-192），右
手順勢採腕下壓，左掌順其手臂上方斜劈對方頸根部（圖2-
193）。

圖 2-192

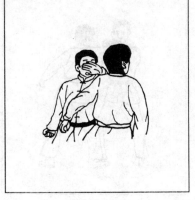

圖 2-193

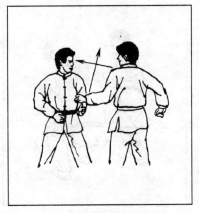

圖 2-194

圖 2-195

⑮　拉肘變戳眼

　　對方用右貫拳擊我頭部，我可左手外格，右手從其肘下插臂（圖 2-194、圖 2-195），若拉肘成功，則可像圖 2-173 那樣擒住對方。但若對方力大，我拉肘擒敵有一定困難，即可立

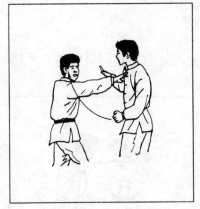

圖2-196

圖2-197

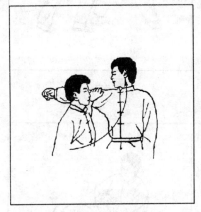

圖2-198

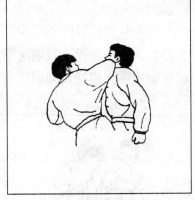

圖2-199

即變勁,左手變外格下壓或順牽,右手戳擊對方的咽喉或眼睛
(圖2-196)。此時若對方變左擺拳擊頭,我則可右手垂肘格
住來拳,左手戳擊對方的眼睛(圖2-197)。此時對方若再變
右擺拳擊頭,我則可用左手前切對方上臂肘彎內側(圖2-
198),右肘橫擊對方下頜左面,重創對方(圖2-199)。

⑯　盤肘鎖臂變勾踢

　　對方右沖拳擊頭，我身體左閃，右手垂肘豎臂將來手格於體外，左手抄抱其前臂（圖2-200）。我右手扣腕下拉，左手拉肘變上推，將對方手臂反扭到身後（圖2-201）。上動不停，右手擒其手腕送到我左肘彎之中（圖2-202），雙手將其肘尖送至我腰間別住，身體向前壓，擒住對方（圖2-203）。

　　若在盤肘鎖臂的過程中對方持力大強行撐起，我則應隨機應變，馬上變勁為勾踢雙劈

圖2-200

圖2-201

圖2-202

拳，將對方向後打倒（圖 2-204、圖 2-205）。

此外，在盤肘鎖臂時，若對方的勁很大，根本無法將其手臂反扭（圖 2-206），此時切不可強扭，只需變扭力為牽

圖 2-203

圖 2-204

圖 2-205

圖 2-206

圖 2-207

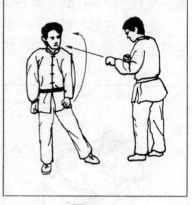

圖 2-208

圖 2-209

勁，左肘尖頂擊對方的肋部（圖 2-207），即可重創對方。

⑰　帶臂刁手

敵我對峙（圖 2-208），對方左直拳擊頭，我左手反搭來腕，上步右手推肘（圖 2-209），若能將對方手臂反扭過

圖 2-210

圖 2-211

圖 2-212

圖 2-213

去，即可變成盤手鎖臂。但若不能將其手臂反扭，則可變勁，左手採腕下壓，右手變勾手，反勾對方的頭頸部，身體向右後擰轉，將對方勾倒在地（圖 2-210）。此外，也可如圖 2-211、圖 2-212 所示的那樣，直接將對方之手往我身側牽帶，左手用腕背骨狠擊對方顏面（圖 2-213）。

圖 2-214

圖 2-215

圖 2-216

圖 2-217

18　壓臂切肘變穿掌擊肋

　　敵我如圖 2-214 所示對峙，敵突發右直拳擊頭，我身體向右擰轉，右手外格並反搭其腕（圖 2-215、圖 2-216）。

　　上動不停，右手扣腕下採並回拉，將對方手臂拉到我腋

圖 2-218

圖 2-219

圖 2-220

圖 2-221

下（圖 2-217），左手屈臂壓住對方上臂，猛地俯身前壓，擒住對方（圖 2-218）。也可在外搭來腕以後（圖 2-219），左掌猛擊對方軟肋（圖 2-220）。

在對方右直拳擊來之際，還可先轉體用右手外格來拳（圖 2-221），再以左手從其肘關節處順格下壓並外牽來拳

圖 2-222

圖 2-223

圖 2-224

圖 2-225

以後手從下往上戳擊對方咽喉部，效果則更明顯（圖 2-222、圖 2-223）。

⑲　纏臂勾踢

敵我如圖 2-224 所示對峙，對方突發左直拳擊胸，我以

圖2-226

圖2-227

圖2-228

左手拍壓來拳（圖2-225），左手順勢抓住其手腕，右手由
上向下再向前、向上穿插於對方臂之中，整個穿插動作就像
游自由式的插水動作那樣，將對方的手控制在我的肘彎之中
（圖2-226、圖2-227）。若不能成功，則需變勁，右手由其
左臂下旋外上穿，向後搬拉對方的肩部（圖2-228），右腳

圖 2-229

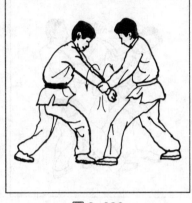

圖 2-230

圖 2-231

圖 2-232

由後向前，向上鏟踢對方的左腳，將其打倒（2-229）。

20　脫手頂心

被對方控制了雙手常常是件令人頭痛的事（圖 2-230）。對方雙手拇指在內是我脫手突破口之所在，我僅需旋肘並向

圖2-233

圖2-234

外旋腕（圖2-231）。一旦脫出雙手，即可利用我雙手在對方兩手內側的優勢，催步進身，以雙手腕背部攻擊對方的心窩處（圖2-232、圖2-233、圖2-234）。

第三節　反擒技術

反擒就是在遭到對方擒拿術控制時，運用自己所掌握的各種擒拿術知識，減輕或消除對方對自身的威脅，同時運用最相宜的反擒技術反制對方。

要想真正達到減輕或消除對方擒拿效果的目的，有效地保護自己的弱處，逃脫對自己關節最佳著力點的控制，除了需要經常感受自己各關節最佳著力點的部位、方向、角度以外，還應掌握幾種常用的化力及滑脫抗暴方法。

所謂化脫，就是運用我身體的各個部位和關節，配合各種可能的身法或步法，改變對方擒拿時的用力方向，避開其正確的著力點，達到減輕或消除其擒拿效果的目的。

本節中首先要介紹的是幾種常用的化力及滑脫方法。

一、化力及滑脫

在擒拿中，化力有腕化、肘化、肩化、腰胯化、步化和滾化等幾種。

① 腕化法

一般來說，腕的活動只有屈伸、外展、內收、上抬下壓和左右旋轉等幾種小動作，怎樣化為最妙呢？這得看對方是怎樣抓握我了，根據對方抓握的角度，化法及滑脫方法各有差異，但任其千變萬化，有一點卻是不能變的，這就是對方抓我時總得用手（圖 2-235）。而手抓又總是力分兩邊，一邊是拇指用力，另一邊是其餘四指用勁（圖 2-236）。四指相加的力量總是比拇指大得多，所以要想從對方控制中得到解脫，最好的辦法是從他拇指側用力突圍，否則很難成功。具體做法是，可以先向四指側用力或旋轉（圖 2-237），當

圖 2-235

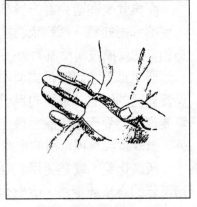

圖 2-236

對方從四指這邊加力時，我卻馬上改變用力方向，反向一轉並下壓，輕而易舉就可從拇指側滑脫（圖2-238）。

　　另外，還需要注意用力的方向，如圖2-239的這種抓握角度，我若直接從其拇指側突圍，大方向雖然對了，但由於我的右臂處於不利於用勁的旋內狀態，所以仍難成功。正確

圖2-237

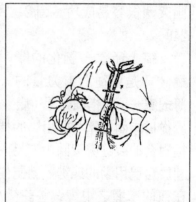

圖2-238

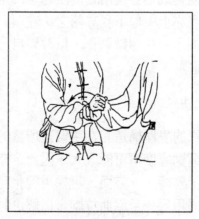

圖2-239

的方法應該是先擰臂轉
腕，將手翻到拳心正對我
胸部的方向，這時屈肘收
腕才能獲得最大的運動度
和力度，處於這種方便用
力的方向，我再從其拇指
側突圍很容易成功（圖2-
240）。

圖2-240

綜上所述，腕化的關
鍵，一是要從對方力量的
薄弱處──拇指側突圍（處
於從拇指側突圍不好用勁的情況下，也應盡量從其拇指與四
指對合的裂縫處突圍，方易成功）；二是隨時要創造一種最
利於自己用勁的態勢。請記住，不論對方的握力多大，要想
在他的掌握之中，做些許微小的旋轉都應該是不難辦到的
事，而恰恰正是這些許微小的轉動，卻可令我的手腕從不便
用勁的不利狀態轉成為方便用勁的狀態；三是不要和對方強
行鬥力，他上我亦上，他下我亦隨之，在順對方而動的過程
中不知不覺地加上一些擰轉動作，以改變自己所處的不利狀
態，瞅準機會逃脫。

② 肘化法

由於其特殊的生理構造和在手臂上所處的位置，因而決
定了肘關節的運動幅度不可能太大，因此，在對方直接用手
抓握我肘部或上臂時，一方面，可採用腕化時的拇指突圍戰
術，另一方面需用另一手協助拉腕，以解決肘部運動範圍太
小的不利局面（圖2-241、圖2-242）。

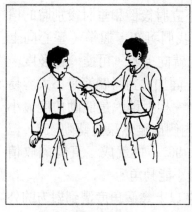

圖 2-241

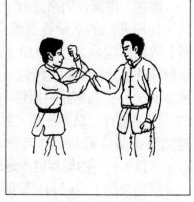

圖 2-242

　　另外，透過前面肘擒法的學習我們知道，肘關節最易被擒的危險位置包括上挺、前別、屈肘後倒和垂肘後別等幾種角度。因此，肘化的目的首先要避開危險的肘關節鷹嘴骨折（上挺、前別都容易發生這種情況），其次是要化掉對方對我屈肘後倒和垂肘後別時的作用力。

　　怎樣才能達到這個目的呢？

　　前臂由於橈、尺骨特殊的連接方式而具有左右滾動擰轉的功能，在擒拿法的實踐活動中常常由於這種人為的滾動，即可避開對方對我肘關節上挺、前別的作用力。因此，肘化必須在腕化的基礎上加滾化，才能確保安全。

　　我們知道，滾動的物體，摩擦系數總是最小的，從擒拿來說，手臂可以在袖筒裡滾而使對方捉摸不定，皮肉和骨骼之間也還有活動的餘地，也可使骨骼在皮肉中作小小的滾動，滾化正是在這些基礎上產生的，並以此化對方之力，避其之拿，將其之力由正化斜，使對方掌握不死，抓拿不穩我的關節，因而不能有效地加力於我的被動部位。

現在,再讓我們來分析一下立肘後倒和垂肘後別時的情形。從肘關節的活動範圍簡介我們可知,握拳(拳心向上時)收前臂能收 90°,再加上上臂向上收,可達一百多度,是肘部的最大活動面,所以,正面加力對肘關節是不太容易擒拿的,而肘部側屈只能轉 45°,相對地說是能動角度最小的一面。但有一點應注意,肘內側旋雖然只能轉動 45°,但肩關節卻還能帶動上臂向外展 90°,這就成了直臂內收情形,所以,肘的內側旋也不是最小能動角。

反過來說,自己的肘關節在以上幾個角度遭到對方的外力作用時,只要稍微運用身體的擺動或上臂運動的幫助,即可加大肘部的活動範圍,化掉對方的作用力,但須注意,在肘關節外側旋時仍存在很大的危險,像典型的立肘後倒,除了肘關節有可能轉動以外,其他關節幾乎不能幫忙,這時,遭到對方向外側的作用力,痛感最強(圖 2-243)。這時應在對方尚未對我關節造成損傷之時,首先利用前臂做旋內的滾化,同時提踵聳肩,以減輕我的不利情況,然後再一邊滾化,一邊從對方控制區的間隙中伸展肘關節(圖 2-244),從而增大我肘部的活動範圍,化解對方之威脅。

被對方垂肘後別時擒住鎖臂(圖 2-245),也同樣可利用這種原理。首選運用滾化的方法,腕關節旋外,使尺、橈骨避開擰扭的狀況,同時肩關節上聳並旋外,以消除肘關節被別鎖的狀況,這時再提肘並繼續外旋腕關節,即可完全化解對方的威脅(圖 2-246)。

③ 肩化法

肩部相對於肘、腕來講,具有活動範圍大、力量強的優勢。因此,肩化主要也是利用對方不易直接掌握我的肩關

圖 2-243

圖 2-244

圖 2-245

圖 2-246

節，施術時常常從控制腕、臂、肘部來間接加力於肩關節
（即迫使我的腕、臂或肘的受力點傳力於肩關節），迫使肩
關節超出正常活動範圍的特點，運用肩部的上聳、下沉、前
後轉動等微小動作，在對方的控制中間創造一定的間隙和空
間，給肘、腕、臂造成可滾、可伸的機會，以利於肘化和腕

圖 2-247

圖 2-248

化。如對方反鎖我臂時（圖 2-247），我可先運用肩部上聳並外旋的動作給肘、腕部創造間隙，然後手腕旋外，消除對方對我肘關節的威脅，接著屈肘反夾對方手臂，並用另一手向上反托其肘關節（圖 2-248）。

④ 腰胯化與步化

主要是運用腰胯的轉動和步法的移動，以減小被控關節的疼痛，給受威脅的部位和關節創造間隙，使我的各部關節，避開對方的正確著力點，始終保持一定的運動自由度，以圖相機反擊。如對方擒拿我肘關節時（圖 2-249），我完全不與其抗力，可以順其力向左後突然轉腰，使我之肘關節

圖 2-249

圖2-250

圖2-251

圖2-252

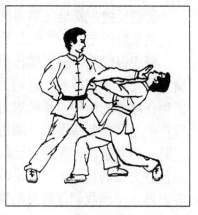

圖2-253

避開最佳著力點，然後左腳後插到對方側後（圖2-250），
這時我若再繼續轉身並用左肘擊對方的頭部，即可完全化解
威脅（圖2-251）。若對方仍拼命抓住我手不放（圖2-
252），我還可用左掌猛推其下頷（圖2-253），迫使對方鬆
掉抓握之手。

綜上所述，不論是腕化、肘化、肩化，還是腰胯化、步化，都離不開一個基本點，即利用一切可能的機會，創造活動間隙，以使我之各關節始終保持在正常的活動範圍之內。當然，要想真正達到這一目的，就必須在完全掌握以上所介紹的各種原理的情況下，經常與同伴切磋、訓練，方能熟能生巧，熟練地掌握化力和滑脫技術。

掌握了化力及滑脫方法就為我們的反擒創造了有利的條件。臨戰時，根據當時的具體情況，能反擒則反擒對方，不能反擒則採用滑脫技術化解對方的擒鎖即可。

二、反擒抗暴法

所謂反擒，就是在對方欲施或已施擒拿術時，我利用對方之擒拿動作先以各種化力方法創造間隙，再反擒他。

要想很好地掌握反擒技術，首先必須把前面所講的各種擒拿法要點掌握精熟。確切了解在什麼著力點拿人最厲害？運用什麼樣的槓桿力學最省力？在何種狀態下拿人對方最無反抗能力？在此基礎上，運用化力及滑脫技巧，當對方拿你之時，方能敏銳地保護自己的弱處，逃脫對方對自己關節的最佳著力點的控制，在適當時機相機實施反擒，方能立於不敗之地。下面我們就常見的擒拿技術為大家做一些反擒介紹及分析。

① 鎖臂破纏腕

對方用纏腕術拿我右腕（圖 2-254），我右腕被拿之後，首先抬高右肘，以緩解被纏時的疼痛，再以肘尖向其迎面打擊（圖 2-255），不論擊中與否，他必仰頭後閃。此時，我立即用右肘下壓其左臂，同時用左手使勁向上托起他

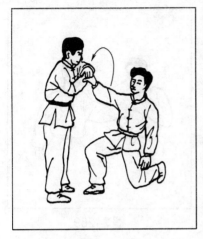

圖 2-254

圖 2-255

圖 2-256

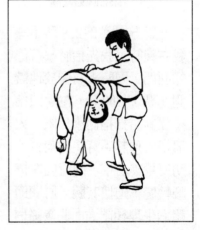

圖 2-257

　的右肘（圖2-256），右手後拉其右腕並將其送於我左臂內彎
之中（圖2-257），左掌壓住他的肩關節，身伸向前俯壓肘彎
處並上提其前臂，令其身體前仆，反擒住對方（圖2-258）。

圖 2-258

圖 2-259

2　捲腕破纏腕

　　對方如圖 2-259 所示纏我右腕時，我先抬肘擊打他的面門，同時上右腳於他體側（圖 2-260），左手四指扣住其右拇指側小魚際，大拇指反頂其手背，右前臂協助反捲其右手，同時向左擰腰轉體，迫使其腕、肘關節超過生理極限面而側後翻倒（圖 2-261）。

圖 2-260

3　反頂肘破虎抱頭

　　對方用虎抱頭擒我右腕（圖 2-262），我在其即將拿死我之際，左手虎口朝上抓住他的左手後拉（圖 2-263），被

圖 2-261

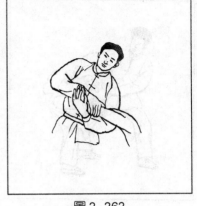

圖 2-262

圖 2-263

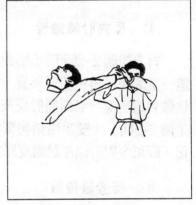

圖 2-264

擒的右腕用滾化的原理同時向前、向左反旋，以徹底解脫其
拿。一旦脫手，即須順勢抓握其左掌大魚際處，協同左手一
道反捲其腕，一邊用肘關節前頂其後肘部，令其腕、肘關節
超出生理極限而被擒（圖 2-264）。

圖 2-265

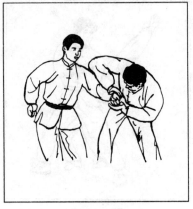

圖 2-266

④ 反夾肘破鎖臂

對方如圖 2-265 所示別鎖我右臂，我可先向前送肩以創造一定間隙，再將前臂外旋，避開我被擒的最佳著力點。一旦做到這一步，立即屈肘反夾其左臂，同時左手按握我右拳（圖 2-266）。雙手用勁夾緊對方的肘部，身體向上猛地撐起，即可令對方因左肘過度屈曲而被擒（圖 2-267）。

⑤ 扳頭破捲腕

對方如圖 2-268 所示，捲腕擒我左手，我可身體左轉，前臂旋內以增大活動範圍，右臂同時圈夾住對方頸部（圖 2-269），右手扣住其左腮，猛地向右扭擰他的頭部而反擒住對方（圖 2-270）。

圖2-267

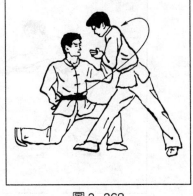

圖2-268

圖2-269

圖2-270

6 壓肘破捲腕

對方如圖2-271所示，牽羊捲拿我右腕，我可先主動屈肘，身體前靠，以增大腕部運動的自由度，左手同時反扣其左掌掌側（圖2-272）。左手扣掌反拿，隨同拿腕右肘上

圖 2-271

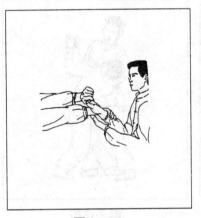

圖 2-272

圖 2-273

提。一旦將其手腕反扭，即以右臂下壓其肘關節，雙手同時拿腕上提，擒住對方（圖2-273）。

7　撅指破捲腕

對方如圖 2-274 所示，捲拿我左腕，我可在未被拿死之

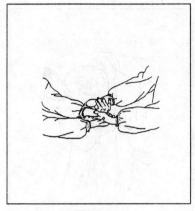

圖 2-274

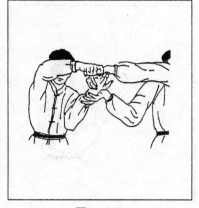

圖 2-275

圖 2-276

圖 2-277

際用右手扣住其左手掌側小指（圖2-275），拇指頂住其手背，從我頭上繞過，並反向搣其小指，迫使其鬆掉捲我之腕（圖2-276）。繼續搣指並向前俯腰，即可令對方因護痛前仆（圖2-277）。

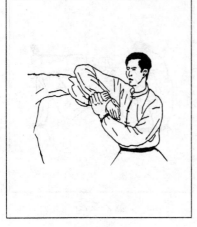

圖 2-278

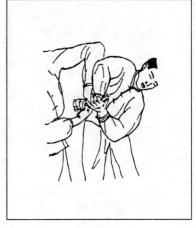

圖 2-279

⑧　壓臂破捋腕

對方如圖 2-278 所示用右臂捋壓我左腕，我可迅速提肘以緩解左肘部位的被動局面，右手同時由下抓握對方的右手（圖 2-279），右手握腕上撅並後拉，左肘猛地前壓，身體前俯，將對方反擒住（圖 2-280）。

⑨　搬指破捲扣腕

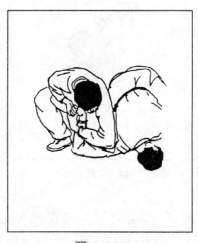

圖 2-280

我如圖 2-281 所示抓握對方右腕，他可能沉肘穿腕（圖 2-282），用捲扣腕法拿我。此時，我在其尚未扣腕下壓時，

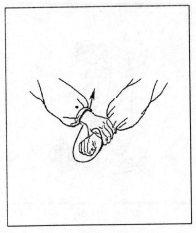

圖 2-281

圖 2-282

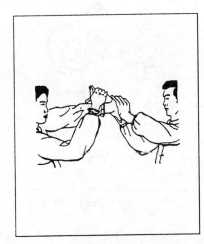

圖 2-283

圖 2-284

迅速以右手抓握其上穿手的食指（圖 2-283），向前俯腰並猛別其食指，令對方因劇痛而前仆在地（圖 2-284）。

206

圖 2-285

圖 2-286

⑩ 搬指破虎抱頭

對方欲以虎抱頭擒我右
腕，我可在其剛屈肘豎臂
的時候，迅速用左手抓握
其右手四指（圖 2-285），
右手握腕後拉做為支點，
左手抓指前推並下搬，身
體隨同前俯，令其因劇痛
而向前仆倒（圖 2-286）。

⑪ 撅腕破纏腕

圖 2-287

對方如圖 2-287 所示欲用纏腕術拿我，當對方豎肘上穿
之際，我立即用左手抓握其拍按我的手背（圖 2-288），被
按的右手同時旋外並抓握對方左手掌側，然後雙手協同用力
扭撅他的左腕，擒住對方（圖 2-289）。

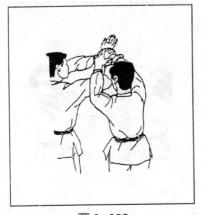

圖 2-288

圖 2-289

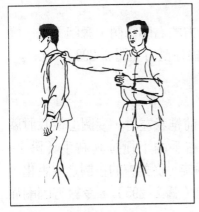

圖 2-290

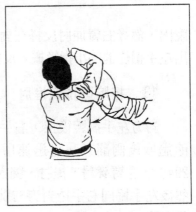

圖 2-291

⑫　拉指反擒肘

　　我用右手抓握對方後肩（圖 2-290），他用破後抓肩之法擒我肘腕（圖 2-291）。我待對方豎肘下壓之機，迅速用左手反攔其腕（圖 2-292），右手腕同時旋外從其拍按手中

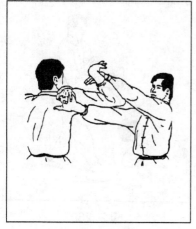

圖 2-292

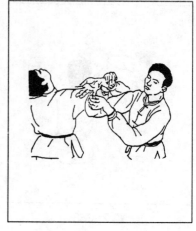

圖 2-293

脫出，然後右臂屈肘反搭在對方的右腕後側，搬腕下拉，騰出左手扣住他的小指後搬，反擒住對方（圖2-293）。

⑬　捲腕破拉腕推肘

對方左手擒腕後拉，右手前推我左肘，妄圖迫使我肘關節過度後側翻。我可迅速用右手由下抓拉其右手（圖2-294），左臂聳肩、提肘、腕內旋，從對方的控制之中脫化，然後左手協同右手捲對方右腕（圖2-295），令對方因劇痛而下跪。

⑭　扭臂破扭臂

對方右手拿腕，左手托肘，企圖強行擰扭我右臂。此時，我可緊夾右肘，令對方右臂不自覺上抬，我再順勢用左手掌反托對方右肘尖（圖2-296）。然後我右手反腕搭住他右腕順時針擰扭並上抬，左手同時前推並逆時針擰扭、下壓

圖2-294

圖2-295

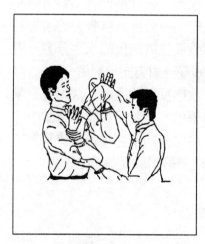

圖2-296

圖2-297

對方肘關節，反扭對方右臂到其身後，擒住對方（圖2-297）。

第四節　擊倒術與打中摔

運動生理學認為，當人的頭部轉向一側時，轉向側的各肌群興奮性提高，張力增強，伸肌表現尤為明顯，而相對的那一面各肌群卻表現出興奮性降低，張力減退的現象。也就是說，頭部姿勢的改變，反射性地引起了四肢肌肉的張力產生重新的調配，這種現象生理學上稱為狀態反射。

在此，我們僅舉一個從下往上擊打下頜的例子，說明狀態反射同擊倒的關係。

敵我對峙，我突然發拳由下向上擊中對方的下頜，這時，對方將產生這樣一個過程：由於對方的頭部不能抗衡這一打擊力而後仰→頭部的後仰引起了肩背部伸肌、斜方肌和骶棘肌等的張力增加（狀態反射）→背部肌群張力的增加導致脊柱形成反弓形，加上被擊後產生的向後的水平分力→導致人體重心的後移而落出底基邊緣→對方向後翻倒。

在實戰中，我們可以根據狀態反射的原理，採用重拳擊頭，邊腿擊頭，後轉身掃擺腿擊頭，夾頭摔，擒拿術制頭等方法來打倒歹徒，確保自己生命財產的安全。運用重擊對方頭部將其打倒的取勝方法，一般多適用於高個子打矮個子。

一、擊頭取勝法

① 拳掌突發擊頭

與敵相峙。當對方毫無精神準備時，突然用掌根向上猛然推擊對方的下頜（圖 2-298）；或用沖拳由下向上打擊他的下頜骨（圖 2-299）；或用上勾拳勾擊其下頜（圖 2-

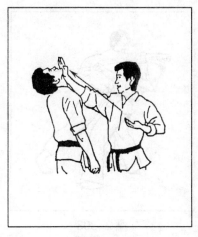

圖 2-298

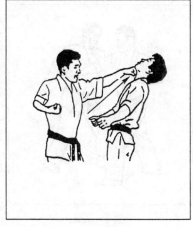

圖 2-299

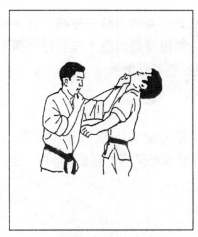

圖 2-300

圖 2-301

300）；或用雙卡爪猛卡推對方頸部（圖 2-301）。只要具有
足夠的沖力（即用勁不可太緩），均可令對方猝然後倒。

圖 2-302

圖 2-303

② 格臂攔頭

對方左沖拳擊胸，我可屈右臂，身體同時左擰轉，將來拳格於身體之外（圖 2-302）。然後身體前壓，左前臂平攔對方頭頸部（圖 2-303），很容易將其打倒。

③ 下截擰鑽拳擊頭

對方右沖拳擊腹，我可用左臂向外下截來拳（圖 2-304），右拳向外擰旋猛擊對方印堂或鼻梁處（圖 2-305），將其打倒。

④ 砸頭擊頜掌

我上步，右拳佯砸敵頭，對方必起手上架（圖 2-306）。待其架手剛一起，我立即用左推掌猛擊對方下頜（圖 2-307），令其向後翻倒。

圖 2-304

圖 2-305

圖 2-306

圖 2-307

⑤ 按手登掌擊頜

對方用右沖拳擊腹，我可用左手向下截按來拳（圖 2-308），右登掌猛擊對方下頜部（圖 2-309）。

圖 2-308

圖 2-309

圖 2-310

圖 2-311

6 格手反背拳擊頭

對方右沖拳擊頭，我用左手順其肘彎向內推格來臂（圖 2-310），緊接著左掌變拳，反背拳猛擊對方頭部（圖 2-311），將對方打倒。注意，在使用反背拳時一定要運用腰

圖2-312

圖2-313

力，方能將對方一舉擊倒。這種方法又叫「固中節、走兩翼」。

⑦　擊胸捶掛頭肘

先用鞭拳反擊對方心窩（圖2-312），當對方被擊身體前弓之際，突然屈肘以肘尖猛掛對方頭側（圖2-313）。

⑧　頂襠推頜

與敵糾纏時，先用右膝下頂其襠部（圖2-314），然後左手摟住對方後腰，右掌猛撐其下頜（圖2-315）。當對方身體後仰、重心超過其底基時，摟腰手一放，即可令對方後倒（圖2-316）。

圖2-314

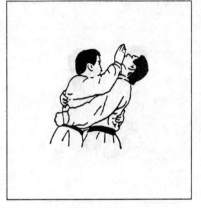

圖 3-315

圖 3-316

圖 3-317

圖 3-318

⑨　抱腿撐喉

　　對方用邊腿踢肋，我可用右臂夾住來腿（圖 2-317），身體前靠，用左掌向前猛撐對方咽喉，令其後倒（圖 2-318）。

圖 3-319

圖 3-320

⑩ 側閃夾頸

對方左直拳擊胸，我可在其拳即將打到之際向右外側閃身，以讓過來拳（圖 2-319），左臂由對方左臂上方夾扼其頸（圖 2-320），這時只要身體繼續向左一轉，對方就必然後倒。

⑪ 擊頷反夾

先以右肘向上挑擊對方下頷（圖 2-321），若這一擊未能將對方打倒，則應右腳上一大步到對方襠後，右臂圈夾其頸部（圖 2-322），身體左擰即可令對方後倒。

圖 2-321

圖 2-322

圖 2-323

圖 2-324

12 擒腕夾頭

　　與敵對搏（圖 2-323），左手反腕擒住對方手腕，右腳上一大步到其襠後，右手圈夾其頸部（圖 2-324），此時若用髖關節前頂其後腰，右手扼頸後拉，即可令對方後倒。

圖 2-325

圖 2-326

圖 2-327

圖 2-328

⑬ 腿法突發擊頭

在對方注意力不集中或心虛怯力時（圖 2-325），突然發右邊腿擊其頭（圖 2-326）或側踹腿擊頭，都可能將對方擊倒，甚至擊昏（圖 2-327、圖 2-328）。

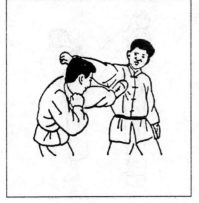

圖 2-329

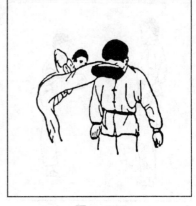

圖 2-330

14   側踹阻直拳，邊腿擊頭

對方右沖拳擊頭，我可身體略後閃，同時發左側踹腿擊其胸（圖 2-329）。左腳在側踹擊胸後往對方側後方落地，腰往左扭轉，發右邊腿擊面（圖 2-330），很容易將對方擊倒或擊昏。

15   拍踹腿，邊腿擊頭

對方側踹擊腹，我可用右手下拍來腿（圖 2-331），趁對方落腳之際，我左邊腿猛抽對方頭部（圖 2-332），將其擊倒。

16   格邊腿，邊腿擊頭

與敵對峙（圖 2-333），

圖 2-331

圖 2-332

圖 2-333

圖 2-334

圖 2-335

他用右邊腿擊頭，我可用左前臂外格來腿（圖 2-334），身體向左擰腰頂胯，趁對方收腿之機以右邊腿攻擊對方左側面部（圖 2-335）。

圖 2-336

圖 2-337

⑰ 外格踹喉

對方右沖拳擊胸，我可用左手屈肘豎前臂向外格擋來拳
（圖 2-336），然後身體側俯，用左側踹腿猛擊對方咽喉
（圖 2-337）。

圖2-338

圖2-339

18 蹬襠踢頭

如果我不慎倒地，對方俯腰欲用拳擊頭之際，我可一邊用手撥格來拳，一邊用左腳蹬踹其襠部要害（圖2-338）。然後身體迅速左翻，發右邊腿猛擊對方面部（圖2-339），將其踢倒在地。

19 推臂平勾擊頭

對方在搏鬥中用右鞭拳擊頭，我可雙臂屈肘，以雙前臂推防對方手臂（圖2-340），然後左手轉腕下壓其臂，身體向左擰轉，用右平勾拳猛擊對方下頜（圖2-341），將其打翻在地（圖2-342）。

圖2-340

图 2-341

图 2-342

图 2-343

图 2-344

⑳ 外格前點腿擊頭

對方右沖拳擊頭，我可在用左手外格的同時（圖 2-343），用右前點腿猛蹬對方頭部（圖 2-344）。

圖 2-345

圖 2-346

㉑　前點腿阻攻接後轉身掃擺腿擊頭

對方左沖拳擊頭，我可身體後閃的同時起左前點腿擊腹阻攻（圖 2-345）。左腳落地後迅速扣腳向右後轉身 180°，用右後轉身掃擺腿猛擊對方面部（圖 2-346）。

㉒　躍起側踹擊頭

與敵對峙，先發右沖拳擊頭（圖 2-347），若對方後退，應躍身追進（圖 2-348、圖 2-349），空中以右側腿對準對方頭部猛然踹擊，將其擊倒（圖 2-350、圖 2-351）。

圖 2-347

圖 3-348

圖 3-349

圖 3-350

圖 2-351

二、打中快摔術

實戰中，在不能抓把的特殊情況下（如戴拳套的擂臺賽、搏鬥節奏太快無法抓把等）或需在極短的時間裡制伏、擒獲對方的情況下，都需運用對搏中的打中快摔技術。

本節將主要運用「固定底基，掀動重心」「迫使底基和重心做相反運動」的快摔力學原理，將近年來國際、國內各擂臺大賽中出現過的打中快摔術，以通俗易懂的方式介紹給大家。

① 進身穿摔

敵我如圖 2-52 所示對峙，我右六合步從對方側後進身，右手同時擊面（圖 2-353），若對方仰頭躲閃，我則變拳為攔手反逼其胸，左手從後向上抄其大腿（圖 2-354），身體

圖 2-352

圖 2-353

圖 2-354

圖 2-355

同時右後轉，將對方摔倒（圖 2-355）。

若對方先用左直拳發動進攻，我則可用打交叉拳的方法，從對方手臂內側斜發一拳（圖 2-356、圖 2-357）。

注意：打交叉拳時身體應先略左閃，再發拳，方可達到既

圖 2-356

圖 2-357

圖 2-358

圖 2-359

用臂部阻擊了對方的來拳，又用拳重擊了對方頭部的功效。打
完交叉拳後，乘對方仰頭之際，立即催進一步（圖2-358），
右臂反攔其胸，左手抄撈其左大腿，將對方摔倒（圖2-359、
圖2-360）。

圖 2-360

圖 2-361

圖 2-362

圖 2-363

　　此外，還可採用打左交叉拳的方法進身。具體的做法
是：敵我對峙（圖 2-361），我在進身閃讓來拳的同時，用
左直拳由對方臂內側反擊其面部（圖 2-362）。此外，還可
身體左下閃讓過來拳，同時進身（圖 2-363），將右臂插到
對方胸前反別其胸，左手上抄其大腿，身體向右側轉動，將

圖 2-364

圖 2-365

圖 2-366

對方摔倒在地（圖2-365）。

② 勾頭撈腿摔

對方右直拳擊面時，也可伸臂前閃，用上臂阻擊來臂（圖2-366），身體同時前靠，上步於對方身體側後，右手

圖 2-367

圖 2-368

圖 2-369

圖 2-370

向後下抄撈其腿，左手屈腕勾住對方脖子（圖 2-367）。

　　注意：進身勾頭最好趁對方收右手時最易成功，一旦勾頭成功，立即運用腰勁，上面勾頭後搬，下面抄腿上撈，將對方摔倒（圖 2-368）。

圖 2-371

圖 2-372

③　夾頸摔

敵我如圖 2-369 所示對峙，我右腳上前一大步到對方體前，右臂從對方左臂上方伸出，屈肘圈夾其頸部，臀部右側頂住對方髖關節（圖 2-370），身體猛地左轉前傾，再變臉長腰將對方從我腰背上方摔起（圖 2-371）。

圖 2-373

若實戰中對方右沖拳擊頭，我可身體微左閃，左臂屈肘豎前臂，由外向內格擋來拳（圖 2-372），然後左臂下壓，右拳攻擊對方頭部（圖 2-373）。

趁對方面部被擊後仰之際，迅速左後轉身進腰送胯，用

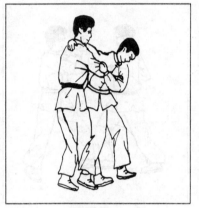

圖 2-374

圖 2-375

臀部頂住對方髖關節，右臂夾住其頸部（圖 2-374），身體向左下方擰轉，將對方摔倒（圖 2-375）。

④ 反夾頸摔

對方進步右沖拳擊胸，我可用左臂外格來拳（圖 2-376），右拳擊面，同時右腳上步到對方身體側後，臀部頂住對方髖部後側，右

圖 2-376

臂用力反夾其頸部，隨身體猛向左下轉別（圖 2-377、圖 2-378），將對方摔倒。

⑤ 踹腹夾頸摔

敵我相搏，當對方剛想前撲的瞬間，我速以右側踹腿猛

圖 2-377

圖 2-378

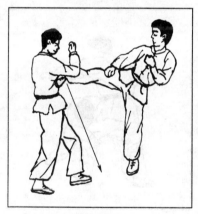

圖 2-379

圖 2-380

擊其胸腹部（圖 2-379）。當其腹部被擊身體前弓之際，我
迅速落腳、身體前靠，右臂伸出夾其頸，同時送胯進身（圖
2-380），以髖關節頂住對方小腹，身體向左下方擰轉，將對
方從我背上摔出（圖 2-381）。

圖 2-381

圖 2-382

圖 2-383

圖 2-384

⑥　抱腿別腳摔

　　敵我如圖 2-382 所示對峙，他突發右直拳擊頭，我可待
其拳鋒將至時突然後閃並下潛，使來拳落空（圖 2-383）。不
待對方收手，立即前靠，左手抱其右腿，右手由對方雙腿之間
插入，反手搭住其小腿後部（圖 2-384），身體猛地向前頂

圖 2-385

圖 2-386

圖 2-387

壓，左手回拖，右手反拍，將對方摔倒在地（圖 2-385）。

⑦ 側踹連三拳別腳摔

敵我對峙（圖 2-386），我先用低側踹腿攻擊對方前腿膝關節（圖 2-387），待其注意力向下再發右沖拳擊頭（圖

圖 2-388

圖 2-389

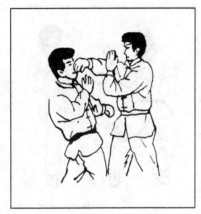

圖 2-390

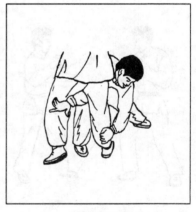

圖 2-391

2-388），不論中與不中，左沖拳再擊胸（圖 2-389），右沖拳再重擊對方頭部（圖 2-390）。趁對方頭部被擊後仰之際，身體突然下蹲，右手由他雙腿之間插入，反掌別腿，左手順勢勾住其右腳踝（圖 2-391）。兩手別住腳回拉，同時肩部猛往前撞（圖 2-392），將對方撞倒在地。

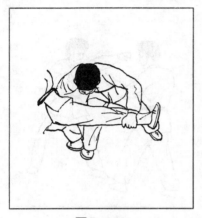

圖 2-392

圖 2-393

圖 2-394

圖 2-395

8 抱腰靠腳摔

我引手擊眼，虛晃對方一下，趁對方呆愣之際（圖 2-
393），搶步而上，右手摟腰，左手抱其右腿（圖 2-394），
將對方向上略微抱起，令其重心不穩，然後左腳向右靠別他
的右腳，右手同時抱腰左壓，將對方摔倒（圖 2-395、圖 2-

240

圖 2-396

圖 2-397

396）。

⑨　抱腿勾撩

　　我右手虛擊對方雙目
（圖 2-397），趁對方仰頭
躲閃之際，突然強攻進身，
右手摟腰，左手接其右大腿
根部（雙手抱腰也可），左
腳同時反勾住其右小腿（圖
2-398）。雙手抱提起其重
心，左腳勾腿後撩，上身同

圖 2-398

時前壓（圖 2-399），將對方摔倒（圖 2-400）。

⑩　蹬撲切摔

　　對方突然進身（圖 2-401）用右擺拳擊頭，我左臂屈肘

圖 2-399

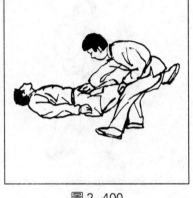

圖 2-400

圖 2-401

圖 2-402

格住來拳（圖 2-402），右腳上前一步到對方右腳之後，右掌撲胸或切脖（圖 2-403）。

　　注意：上腳之時身體切不可後仰，需右掌擊胸與上步同時進行，方能搶先破壞對方的重心（圖 2-404），身體繼續

圖 2-403

圖 2-404

圖 2-405

圖 2-406

前撲才能使對方倒地（圖 2-405）。若進腳之時未能破壞對
方的穩定，則需用右手切脖變反夾頸，右腳向後撩踢其右支
撐腿，身體同時向左擰轉，反夾頸將對方摔倒在地（圖 2-
406）。用反夾頸摔時，注意要貼襠、轉腰、變臉。

圖 2-407

圖 2-408

圖 2-409

圖 2-410

⑪　抱腿提拱

　　敵我如圖 2-407 所示對峙，他上步用刻拳擊胸，我身體側後閃，使來拳打空（圖 2-408），待對方收手之時，我順勢進身，兩手同時抄抱其雙腿（圖 2-409），並上提，後拉，頭肩向前拱推其胸部，使對方向後摔倒（圖 2-410）。

圖2-411

圖2-412

圖2-413

⑫　劈山靠摔

　　對方左沖拳擊面，我略向側後躲閃，使來拳擊空（圖2-
411）。待對方收拳之際，我隨同進身，並用右劈拳狠擊其面
部（圖2-412），右腳上步鎖住對方左支撐腿（圖2-
413），右臂反攔對方胸部，身體向左上方擰轉，使對方向後

圖2-414

圖2-415

圖2-416

圖2-417

摔倒（圖2-414）。也可在對方左沖拳打來之際，用左手反格來拳（圖2-415），並搭腕下按，右拳猛劈對方面門（圖2-416）。對方若仰頭後閃，我則變劈拳為攔靠手，向右後反攔對方頭頸部，右腳同時靠鏟對方左腳，使對方摔倒（圖2-417）。

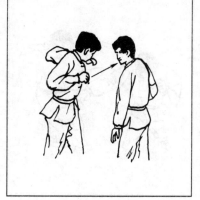

圖 2-418

圖 2-419

⑬　劈拳坐靠摔

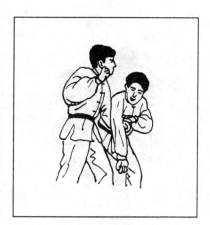

圖 2-420

　　此外，還可使用坐靠之法。具體的用法是：敵我如圖 2-418 所示對峙，對方進步用左沖拳擊胸，當他剛起手之際，我亦同時提起右臂（圖 2-419）。當他發拳之際，我身體略左轉，使來拳貼我胸部滑過，我之右拳同時狠劈其面部，這就是拳諺所說的「彼不動，己不動。彼微動，我先動。彼動己先中」。順劈拳下落之勢，右腿進一大步於對方左腳側後（圖 2-420），重心下移，膝關節猛頂對方膝彎，右臂同時向後倒擊對方的胸腹部，使對方向後摔倒（圖 2-421、圖 2-422）。

圖 2-421

圖 2-422

圖 2-423

圖 2-424

⑭ 穿靠倒擊肘摔

敵我如圖 2-423 所示對峙，對方左直拳擊來，我左臂外格（2-424），右腳扣上一大步於對方前腳後方，右手同時由其腋窩下穿出（圖 2-425），身體猛地下坐並向右後擰轉，

圖 2-425

圖 2-426

圖 2-427

以倒肘猛砸對方的胸腹部（圖 2-426）。以右膝前頂對方後膝彎，身體隨倒擊肘繼續右後轉，可輕鬆令對方後倒（圖 2-427）。

圖 2-428

圖 2-429

圖 2-430

⑮　拍腿劈面搕摔

對方在實戰中用右側踹腿擊腹，我可用右手下拍來腿（圖2-428），同時跳轉身，左拳狠劈敵面，然後左腳鎖住對方後腿，身體左後轉，左掄拳猛攔對方頭頸部，令其倒地（圖2-429、圖2-430）。

圖2-431

圖2-432

16 扛肩摔

對方欲以右擺拳擊頭
（圖2-431），當對方來
拳將至之際，我左臂外
格、前切其肘（圖2-
432），右腳同時向前上
一大步，左手牽腕後拉，
令其重心前倒，仆身在我
肩上，我的右手由其襠部
穿過，用右肩向上扛起對
方（圖2-434）。然後左

圖2-433

手繼續向後牽拉，右肩上抬後卸，使其由我肩上倒栽摔倒
（圖2-435），若對方在被扛起之前竭力掙扎，身體後仰，

圖 2-434

圖 2-435

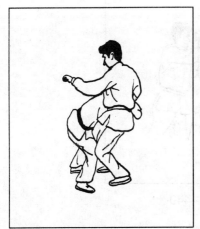

圖 2-436

圖 2-437

試圖保持重心，我則可變勁，順其勢將其放下（圖 2-436），右肩猛撞對方襠部，令其向後摔倒（圖 2-437）。

圖 2-438

圖 2-439

圖 2-440

　　實戰中還可採用蹬腿沖拳再扛肩的摔法。具體的方法是：對方揮拳猛撲來之際（圖 2-438），我可以左蹬腿蹬腹阻攻（圖 2-439），趁對方腹部被擊，身體前弓、面部暴露之機，左腳下踩，以左沖拳猛擊對方面部（圖 2-440）。

圖 2-441

圖 2-442

圖 2-443

　　左手收回之時順勢採腕回拉，同時下蹲，將右臂穿進敵襠，抱其右大腿（圖 2-441）。左手後拉，右肩上抬將敵身體扛於肩上（圖 2-442）。繼續後拉上扛，即可將敵從我肩上倒摔而下（圖 2-443）。

圖 2-444

圖 2-445

圖 2-446

17 打中抱臂摔

對方欲用右擺拳擊頭（圖 2-444），拳發之際，我不僅不後閃，反而迎上前去，左臂屈肘外格來拳，右腳同時向前上一大步，右手由下往上圈抱來拳（圖 2-445、圖 2-446），

圖 2-447

圖 2-448

身體向左後擰轉並長腰（圖2-447），使對方從我背上翻摔而出（圖2-448）。

　　實戰中拳腿交加，你來我往，如何在這種複雜的環境中實施較好用的抱臂摔法，一直是各教練員、運動員關注的焦點。以筆者多年帶散

圖 2-449

打隊的經驗，不論打鬥中來回交鋒有多少，只需抓住對方擺拳擊頭和沖拳擊胸這兩種情況，即可實施抱臂摔技術。

　　如，實戰中我用左邊腿擊頭（圖2-449、圖2-450），對方右臂外格後用右側踹反擊，我以落腳退步下拍來腿防格最容易成功（圖2-451）。對方落腳之後經常伴隨著沖拳擊頭

圖 2-450

圖 2-451

圖 2-452

圖 2-453

或擊胸的動作，這時我可順勢用左手向內斜拍來拳（圖 2-452），並順格拳之勢下壓其腕，同時將右臂由對方腋下穿出（圖 2-453），右後轉身用臀部貼靠對方，以臀頂髖為支點，雙手合力抱臂前拉（圖 2-454），身體猛向左下方擰轉並長腰，將對方從我背上摔出（圖 2-455）。

圖 2-454

圖 2-455

圖 2-456

圖 2-457

18　打中抱胸摔

　　敵我如圖 2-456 所示對峙，他以左沖拳擊頭，我向左閃躲過（圖 2-457），對方欲以右擺拳再擊，我不待他發出，右腳搶上半步，身體左擰，右臂由其左腋下穿出，圈抱其胸

圖 2-458

圖 2-459

圖 2-460

部（圖 2-458）。身體繼續向左後擰轉，右髖頂住對方腹部，右手抱胸向左後長腰，變臉，將其摔出（圖 2-459）。

　　對方若先用右沖拳擊胸，我還可在用左手向內拍擋來拳的同時用右磕腿猛蹬其前腿膝關節內側（圖 2-460），對方

圖 2-461

圖 2-462

圖 2-463

前腿被踢，必護痛弓腰，我可趁此機會用右臂斜攔抱胸，同時右後轉身將臀部頂靠住對方的髖關節（圖 2-461）。右手抱胸向左後弓腰將其背起（圖 2-462），向左變臉扭摔，將其倒摔而出（圖 2-463）。

圖 2-464

圖 2-465

⑲　上推下拉

　　對方左右擺拳連擊，我右左閃過（圖 2-464），當其左拳再次發出之際，我突然迎進去，右手前切對方左臂肘彎內側（圖 2-465），然後重心降低，右手順其左肋下滑，抱住其左腿，左掌撲胸（圖 2-466），上推下拉，將其摔倒（圖 2-

圖 2-466

467）。若是右擺拳打來，則用左手格擋，然後進身（圖 2-468）。這個動作若時機掌握不好，也可在其擺拳打過以後進身（圖 2-469）。還可在對方右沖拳打來的時候下潛進身，

圖 2-467

圖 2-468

圖 2-469

圖 2-470

左手抱腿，右手撲胸（圖 2-470），上推下拉，將其摔倒
（圖 2-471）。

圖 2-471

圖 2-472

圖 2-473

⑳ 抱腿肩壓

敵我如圖 2-472 所示對峙，對方左沖拳擊頭，我蹲身下
潛閃過來拳（圖 2-473），同時進身抱腿（圖 2-474），雙手
抱腿後拉，肩部前頂其膝關節，令其倒地（圖 2-475）。

圖 2-474

圖 2-475

圖 2-476

圖 2-477

21　扳肩打腿

　　敵我如圖 2-476 所示對峙，對方墊步右側踹擊胸或擊頭，我側閃讓過來腿，同時用左手抄抱（圖 2-477），抱腿的同時右腳上一大步到敵側後方，右手反扳其肩後拉（圖 2-

圖 4-478

圖 4-479

圖 2-480

478），同時，右腿向前靠打其支撐腿（圖 2-479），令其後倒（圖 2-480）。

22 抱腿裡勾

敵我對峙，我突發右拳佯擊其眼（圖 2-481），趁對方

圖 4-481

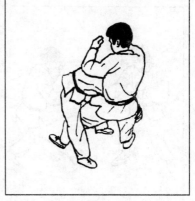

圖 4-482

圖 2-483

圖 2-484

本能後閃時，我突然沉身前抱其右腿，我之右腳隨即反掛其
左腳（圖 2-482），雙手固定其右腿，右腳向後、向裡勾其
左腳，右肩同時前頂其腹部，將其摔倒（圖 2-483、圖 2-
484）。

圖 2-485　　　　　　　　圖 2-486

圖 2-487

圖 2-488

23　抱腿過胸摔（過肩摔）

　　敵我如圖 2-485 所示對峙，對方右沖拳擊頭，當其拳鋒
將至之機，我突然蹲身前抱其離我最近的一條腿（圖 2-
486），借其沖拳之勢，我頂腹送髖，將其向上抱起（圖 2-

圖 2-489

圖 2-490

圖 2-491

圖 2-492

487）。然後繼續頂腹送髖，仰身主動後倒，使對方由我胸部上方，領先倒栽著地（圖 2-488）。圖 2-489 是過胸以後的反視圖。若對方被抱起時重心很靠前（圖 2-490），我則不用繼續頂腹後倒，僅需雙腿蹬直，起立，雙手抱腿上拋（圖 2-491），即可將對方從我肩部上方摔過去（圖 2-492）。

圖 2-493

圖 2-494

24 抱腰過頭摔

　　對方右沖拳擊頭，我
可用左拳同時由其臂內側
發出反擊其面部（圖 2-
493）。趁對方頭部被擊
後仰之際，迅速蹲身抱腰
上舉（圖 2-494），同時
身體反弓，主動向後仰倒
（圖 2-495），將對方從
我頭頂上方摔出。

圖 2-495

25 插腿跪壓

　　我左引手晃眼（圖 2-496），當對方眨眼或仰頭後閃之
際，我右腳從他雙腿之中插入，並從後面靠住其左腿（圖 2-
497）。一旦靠貼住對方左腿，我立即向右主動側跪，以大腿

圖 2-496

圖 2-497

圖 2-498

外側別壓其膝關節，使其關節運動超出正常活動範圍而摔倒
在地（圖 2-498）。

圖2-499

圖2-500

26 採腕手別摔

對方右沖拳擊胸，我可用左臂屈肘外格後採腕回牽（圖2-499），右腳上一大步到對方身體側後，右掌伸出反別其後腰（圖2-500），左手採腕隨身體向左下擰轉，將對方摔翻在地（圖2-501）。

27 潛閃撞腰摔

敵我如圖2-502所示對峙，對方左直拳擊頭，我用左手向右推格來拳手臂（圖2-503）。對方緊接著用右擺拳擊頭，我下潛並前靠讓過來拳，同時用右上勾拳擊腰（圖2-

圖2-501

圖 2-502

圖 2-503

圖 2-504

圖 2-505

504）。隨之左手前伸圈抱對方右大腿，右肩猛撞其腰（圖
2-505），右手協助左手向右猛拖其腿，令對方向後摔倒（圖
2-506）。

圖 2-506

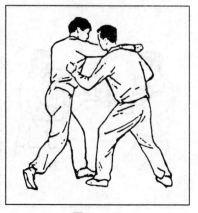

圖 2-507

28　攔胸搬胯摔

對方右沖拳擊頭，我左腳往左前側上一步，身體向左偏閃使來拳落空（圖2-507）。然後右臂從其右手下面往前攔擊對方胸部，左手摟按其胯（圖2-508）。

身體前壓，右臂帶肩順勢前撞其胸，左手搬胯回拉，將對方摔倒（圖2-509）。

29　側身架推掌

敵我如圖2-510所示對峙，對方進步右沖拳擊頭，我左腳前踏半步，到敵人右腳側後方，右手同時上架格擋來拳

圖 2-508

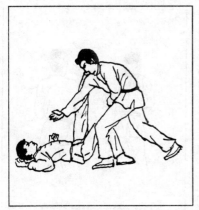

圖 2-509

圖 2-510

圖 2-511

圖 2-512

（圖 2-511），身體隨即前靠頂住對方的腰肋部（圖 2-512）。然後身體前靠，左手同時向左後攔，將對方打倒（圖 2-513）。

圖 2-513

圖 2-514

圖 2-515

圖 2-516

30　跳換步關腳攔胸摔

　　敵我如圖 2-514 所示對峙，對方左沖拳擊頭，我可用左
手上架來臂，格住來拳（圖 2-515）。接著右腳扣上一步，
右盤肘同時攻擊對方肋部（圖 2-516）。趁對方護痛彎腰之

圖 2-517

圖 2-518

圖 2-519

圖 2-520

際，左手抓腕下拉，右肘上頂，反折其肘關節（圖 2-517），然後小跳步換腳側身（圖 2-518），右腿別住其底基，右鞭拳反攔其胸（圖 2-519），將對方打倒（圖 2-520）。

圖2-521

圖2-522

圖2-523

圖2-524

㉛　扳肩打膝摔

　　對方用左頂膝擊腹，我用右臂往前斜推其大腿，使來膝落空（圖2-521），然後迅速提右膝橫撞其後腰（圖2-522），右手同時伸出扳其右肩後拉（圖2-523），令對方向

圖 2-525

圖 2-526

後栽倒（圖2-524）。

 格拳後倒蹬摔

　　對方左沖拳擊頭，我
右臂屈臂外格來拳（圖
2-525）。借手在對方身
體內側之優勢，前靠抓住
對方雙肩（若戴有拳套則
應雙手勾頭）（圖2-
526）。雙手用力後拉並
主動向後倒地，同時在倒

圖 2-527

地過程中用右腳蹬住對方的腹部（圖2-527），用力向上、向
後猛蹬，令其由我身體上方倒翻而過（圖2-528）。

圖 2-528

圖 2-529

圖 2-530

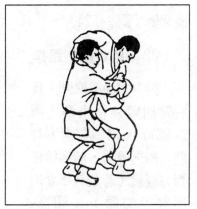

圖 2-531

33 推臂後抱腰摔

　　敵我對峙（圖2-529），對方右沖拳擊頭，我可身體左側閃，左腳向敵後上一大步，右手護頭將來拳手臂向外推格（圖2-530）。接著身體下蹲，雙手抱住其腰部（圖2-531），用腹部前頂對方後腰，將其抱起摔倒（圖2-532、圖

圖 2-532

圖 2-533

圖 2-534

圖 2-535

2-533）。

㉞　潛閃摟胸頂髖摔

　　對方右沖拳擊頭，我可在其拳鋒將至之際突然下蹲潛閃，令來拳從我頭上右側空擊而過（圖 2-534）。不待對方收手，迅速前靠，右臂由其腋下穿出反摟其胸（圖 2-535），腹部猛

圖 2-536

圖 2-537

向前頂擊對方後髖，令其
身體反弓，右臂同時攔胸
反壓，令對方摔倒（圖2-
536）。

圖 2-538

35　側踹挾背摔

實戰中先用右側踹攻擊
對方胸部（圖2-537），右
腳落地時左腳同時墊進一
步，左手抓其右臂，右手
攬其後背（圖2-538），臀
部頂住其小腹，身體向左擰轉猛別，則可將對方摔倒（圖2-
539）。

36　靠腳前壓摔

我以右擺拳擊頭，對方左手前切我肘內側令我擺拳失敗

圖 2-539

圖 2-540

圖 2-541

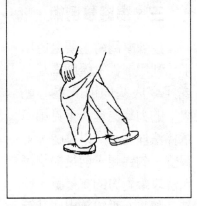

圖 2-542

（圖 2-540）。

　　對方伸右手勾肩，用右側擊膝猛攻我左肋，我可身體向前緊貼對方，令對方膝擊落空（圖 2-541）。然後右腳向後用後腳跟猛磕他支撐腿腳跟（圖 2-542），身體同時前壓，則可令其向後摔倒（圖 2-543）。

圖 2-543

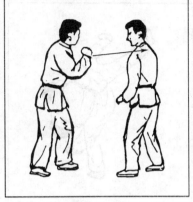

圖 2-544

三、踢腳擊倒術

踢腳擊倒術主要是運用
了「利用慣性，鏟動底基」
或「令底基向前，重心朝
後」的力學原理（參見第二
章摔法理論），以鏟腿、點
踢腿、勾踢腿、前後掃腿等
腿法攻擊對方的支撐腿，使
其身體重心垂線落出底基範
圍而導致人體翻倒。常見的
方法有：

圖 2-545

① 推肘勾踢

對方左直拳攻來（圖 2-544），我向左雙手推肘防開來
拳（圖 2-545），右勾踢鏟其前腳，右鞭拳反向擊胸，將對

圖 2-546

圖 2-547

圖 2-548

圖 2-549

方打倒（圖 2-546）。互擊時也可用此法，需要注意的是我
只要等對方一收前手即可進身（圖 2-547、圖 2-548、圖 2-
549）。

圖 2-550

圖 2-551

圖 2-552

圖 2-553

② 退步勾踢

雙方突然進身右直拳擊頭（圖2-550、圖2-551），我在退步雙格的同時，突發左勾踢腿鏟擊對方前腳（圖2-552、圖2-553），將對方打倒。此法運用於對方的連續性進攻中效果最好，但須抓住對方某一隻腳落地的瞬間進行攻擊，方

圖 2-554

圖 2-555

圖 2-556

能奏效。

③　左右勾踢

我突發左引手（圖 2-554），待對方拍擋我手肘時，我右勾踢鏟其左腳（圖 2-555）。對方抬膝後退（圖 2-556），

圖 2-557

圖 2-558

我則雙手左攔，左勾踢鏟其
右腳，將對方打倒（圖2-
557）。

　　注意：兩次勾踢一定要
一氣呵成，只要第一次勾踢
沒有成功，就不能給對方喘
息的機會，應立即擰腰轉體
換腳進行第二次攻擊。

④　勾踢破勾踢

　　對方左勾踢鏟我右腳
（圖2-558），我可跳閃躲

圖 2-559

過來腿（圖2-559），然後右腳抬起反鏟其右腳（圖2-560、
圖2-561），令其後倒（圖2-562）。

圖 2-560

圖 2-561

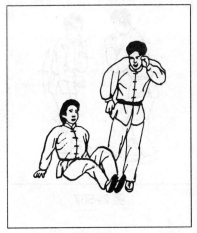

圖 2-562

圖 2-563

⑤　抱腿勾踢

對方墊步踹腿攻擊我中、下部（圖 2-563、圖 2-564），

圖 2-564

圖 2-565

圖 2-566

圖 2-567

我側閃從其腿外側接腿，勾踢鏟其支撐腿（圖 2-565、圖 2-566），令其後倒。也可從內側進身接腿反擊。如圖 2-567 敵我對峙，對方右邊腿擊腰，我左手操、右手格接住來腿，右勾踢鏟其支撐腿，將對方打倒（圖 2-568、圖 2-569）。

圖 2-568

圖 2-569

圖 2-570

圖 2-571

6 勾掛腳

　　對方左直拳攻來，我左手外格，上步右劈拳擊面，接著坐肘擊腹（圖 2-570、圖 2-571、圖 2-572）。此時若未能將對方打倒，則可重心右移，右腿掛鏟其前腿，使其後倒（圖

圖 2-572

圖 2-573

圖 2-574

圖 2-575

2-573）。

⑦　勾踢破蹬撲

　　對方右蹬撲擊我（圖 2-574），我擰腰抽腿（圖 2-575）反勾其右腳。如圖 2-576、2-577 所示，將對方打倒。

圖 2-576

圖 2-577

圖 2-578

圖 2-579

⑧　後閃前掃

　　對方左直拳擊頭（圖 2-578），我後閃下蹲，右前掃腿擊其支撐腿（圖 2-579），將對方掃倒在地（圖 2-580）。

　　對方右直拳擊頭（圖 2-581），我側下閃躲過來拳（圖

292

圖 2-580

圖 2-581

圖 2-582

圖 2-583

2-582）雙手向左側後扶地，右掃腿將對方向前打倒（圖 2-583）。

圖 2-584

圖 2-585

圖 2-586

圖 2-587

⑨　後掃破邊腿

　　敵我對峙（圖 2-584），對方欲用右邊腿擊頭（圖 2-585），我在下閃的同時轉身右扶地後掃，攻擊對方的支撐腿，將對方打倒（圖 2-586、圖 2-587）。

圖 2-588

圖 2-589

圖 2-590

10　前掃破側彈

　　敵我對峙（圖 2-588），對方側彈腿擊頭，不待其彈腿發出，我立即下蹲，前掃腿攻擊他的支撐腿（圖 2-589、圖2-590），將他打倒（圖 2-591）。

圖 2-591

圖 2-592

圖 2-593

⑪　下潛後掃

　　對方右沖拳擊我（圖 2-592），我左拍格擋，同時扣左腳轉身下蹲（圖 2-593），身體右後擰轉，右腿扶地後掃將對方打倒（圖 2-594）。也可主動發起攻擊，先以右引手擊

圖 2-594

圖 2-595

圖 2-596

圖 2-597

眼（圖 2-595），當對方後閃的同時迅速向左前側俯腰（圖
2-596），以腰帶腿，扶地左後掃腿將對方打倒（圖 2-
597）。

圖 2-598

圖 2-599

⑫ 推膝勾踢

對方用左側擊膝擊我胸腹，我可前手推對方髖部，後手屈肘按膝，令來膝不能直接作用到我身上（圖 2-598），然後身體向左擰轉，右手反攔胸，右腳向前勾踢對方支撐腿（圖 2-599），令其後倒。

⑬ 頂膝鏟腳

對方右沖拳擊胸，我可用右手向外格擋來拳（圖 2-600），緊接著右手抓握牽帶對方手腕前拉，右頂膝同時上擊其胸（圖 2-601）。右腳落地後，左腳向前鏟踢對方前支撐腿（圖 2-602）。

圖 2-600

圖 2-601

圖 2-603

圖 2-602

圖 2-604

⑭ 側閃勾踢

對方右側踹擊胸，當其腿將到之際，突然向左側閃讓來腿擊空，雙手同時前格以增加防腿的可靠性（圖 2-603）。不待對方落腳，左腳上前勾踢對方支撐腿，令其側前倒地（圖 2-604）。

圖 2-605

圖 2-606

圖 2-607

⑮　別腳前撞

　　敵我對峙（圖 2-605），對方用左邊腿擊頭，我不但不躲，反而迎身而進，用右腳別住其支撐腿（圖 2-606），身體猛地前撞對方大腿根部，令其後倒（圖 2-607）。

圖 2-608

圖 2-609

圖 2-610

16　格腿後掃

　　敵我如圖 2-608 對峙，對方用右蹬腿擊胸，我可瞅準其出腿之勢，在其即將擊中我胸部之際，右轉身用前臂格擋來腿，令來腿擊空（圖 2-609）。一旦格住來腿，身體突然右後轉體 180°，用右後掃腿攻擊其支撐腿，令其後倒（圖 2-610）。

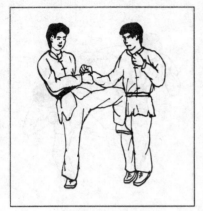

圖2-611

圖2-612

圖2-613

17　沉肘鏟腿

對方用上頂膝擊腹（圖2-611），我可身體側閃，右沉肘向下砸攻來之膝的大腿（圖2-612），然後右腳上前鏟踢對方支撐腿小腿處，令其後倒（圖2-613）。

圖2-614

圖2-615

18　鏟腿破邊腿

對方右邊腿踢頭，我可右臂前推護住頭部（圖2-614），然後身體左轉，用右鏟腿反擊對方支撐腿（圖2-615），令其倒地。

19　膝肘雙防接鏟腿

對方右邊腿擊胸，我可左肘下垂夾緊護住肋部，左

圖2-616

膝上頂對方的膝關節，右拳同時反擊其面部（圖2-616）。緊接著身體左轉，左膝下落，用右鏟腿攻擊對方的支撐腿，令其後倒（圖2-617）。

圖2-617

圖2-618

圖2-619

圖2-620

⑳　勾腳前推

　　對方左頂膝擊胸，我可用左手下按來膝，身體同時左轉
以使來膝擊空（圖2-618），然後右腳踢擊對方膝窩，雙手
同時猛地前推其肩膝（圖2-619），令其後倒（圖2-620）。

圖 2-621

圖 2-622

21　踹喉掃腳

　　當對方注意力不集中時，突發側踹腿攻擊其咽喉（圖 2-621）。落腳後雙手扶地，用右後掃腿攻擊對方的支撐腿（圖 2-622），令其後倒（圖 2-623）。

圖 2-623

圖 2-624

圖 2-625

22 夾腿旋推

　　對方用上頂膝攻我軟肋，我可身體左閃，令來膝擊空，同時用左手下夾其腿（圖 2-624）。

　　一旦夾住其腿，須立即向左後轉身，同時用右直拳攻擊其下頜部（圖 2-625）。

圖 2-626

　　身體繼續向左後擰轉並前推其頜，則很容易令對方後旋倒地（圖 2-626）。

第五節　接腿摔與地趟摔

　　由前面的介紹，相信大家對於腿法能放長擊遠、擊打力量很強、傷害性較大的特點都或多或少地了解了一些。加之前幾年的散手擂臺賽中，用腿法擊中對方髖關節以上部位就能得 2 分，故參賽者都非常願意用腿法攻擊對方，有時甚至面臨被摔的危險也要用腿法（因為被摔倒一次對方也僅能得 2 分。從得分的情況來看，打對方一腿再被摔倒，雙方互得 2 分，所以並不吃虧。而且若對方摔得不俐落，自己也隨之倒地則僅能得 1 分，在這種十分常見的情況下自己還能賺 1 分）。故此，近幾年來，腿法的應用和發展十分迅速。

　　這給僅擅長拳法的搏擊者造成了極大的威脅。不過，透過前面的學習，我們知道：底基越小穩度則越差。正如拳諺

圖 1-627

所說，「起腿半邊虛」，人體在單腳支撐時，底基為最小，這時需要高度的協調性才能保持人體的平衡。所以，對方用腿法攻擊我時，雖然威脅性很強，但只要我接住來腿（或躲過來腿），順勢施法，這時，即使是弱者，要打倒身高力大之人也是比較容易的事了。說到這裡，大家不難看出，躲過來腿或接住來腿，是接腿摔法的前提條件。在介紹具體接腿摔法之前，首先教給大家接腿和躲腿的常用方法。

一、常用接腿法

① 外抄接邊腿

對方用右邊腿猛擊我中盤，我可以左臂下插並外掛，整個手臂緊貼身體軟肋及腰部側方部位，身體略右閃，以左臂格擋來腿（圖 2-627）。這種格腿方法猶如土築的城牆外砌了一層磚石，能在很大程度上抵抗並緩解對方來腿的攻勢。當對方來腿打在我的左臂上以後，我迅速沉肩並外旋前臂，

圖 2-628

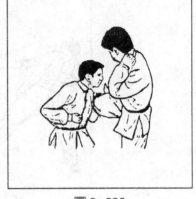

圖 2-629

屈肘，重心同時左移，將對方之腿控制在我的臂彎之中（圖
2-628、圖 2-629）。

注意：對方右腿打中我左臂以後的沉肩、外旋前臂，屈
肘，重心左移，一定要迅速順達，一氣呵成。整個動作一定
要在對方收腿之前完成，方能真正地抄接住來腿。

對方左邊腿打來時接腿要領完全一樣。即重心左移，身
體左側閃，右臂貼腰下插阻擊來腿（圖 2-630）。然後沉肩
屈肘，重心向右回移，將來腿控制在我的右肘彎之中（圖 2-
631）。

這種方法可雙方配合練習，發腿的助手動作要由慢逐漸
加快，由輕逐漸加重，讓練習接腿的伙伴有一個逐步適應的
過程。在沒有同伴陪練的情況下則一定要按照前面所講的要
領，心中假設一個對手，由慢到快地加以練習。

當練習到一定程度以後，則可以配合後面所介紹的接腿實
用摔法加以練習。

圖 2-630

圖 2-631

② 裡抄接邊腿

在實戰中,邊腿是一種使用率極高的腿法。為了讓大家掌握在各種角度下防接邊腿的技術,下面我們把裡抄接邊腿的方法也介紹給大家。

敵我如圖 2-632 所示對峙,對方右邊腿擊腰,此時因我是右架對敵,用外抄接

圖 2-632

邊腿的方法,左臂因不便於貼身而容易受傷(不能貼身則失去了後盾,對手臂的力度和硬度都提出了更高的要求)。此時應該左臂屈肘豎臂,右手向前抄插,左臂阻格來腿,右臂抄接小腿(圖 2-633、圖 2-634)。若對方是左腿攻來,我應如圖 2-635、圖 2-636 所示那樣,右轉身,右臂屈肘上豎阻

圖 2-633

圖 2-634

圖 2-635

圖 2-636

格來腿，左手隨轉體向右抄插，將對方來腿接住（圖 2-637）。

3 裡抄接蹬腿

實戰中，除了邊腿以外，蹬腿和踹腿也是使用率很高的

圖 2-637

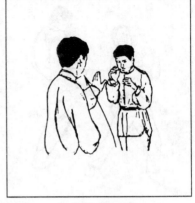

圖 2-638

腿法，為此，我們也為大
家作一介紹。

　　敵我如圖 2-638 對
峙，對方右腿向我蹬來，
我可身體向左擰轉並側
閃，左臂屈肘上豎，將來
腿格於體左外側，右臂向
左隨轉身之勢抄插，接住
來腿（圖2-639）。

　　左腿蹬來時，則向左
側閃並向右擰腰，右手
格，左手抄，接住來腿（圖2-640）。

圖 2-639

　　裡抄接蹬腿的動作與裡抄接邊腿的動作基本一樣。只是
在實踐中，接邊腿以消閃緩解對方來腿之勢時同時接腿，而
接蹬腿則是以側閃使來腿落空，然後接腿的一種方法。希望
大家在訓練中切實加以區別。

圖 2-640

圖 2-641

圖 2-642

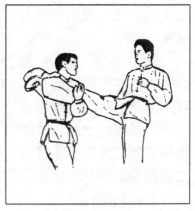

圖 2-643

④ 外抄接蹬腿

敵我如圖 2-641 對峙,對方右蹬腿攻來,我向左側閃,使來腿蹬空(圖 2-642)。上動不停,我右臂屈肘上豎,外拍來腿,左手向右抄插,由外向內抄接來腿(圖 2-643)。

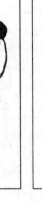

圖 2-644　　　　　　　　圖 2-645

注意：對方蹬腿來時，選擇外抄接法還是選擇裡抄接法，主要應視來腿攻擊的角度如何而定。以對方右蹬腿為例，若來腿在我身體中線左側，我則需用裡抄接法；若來腿在我身體中線右側，我則需用外抄接法方能事半功倍。若左蹬腿來則正好相反。

⑤ 前格後抄接側踹

接側踹同接蹬腿一樣，主要看來腿在我身體中線的左側還是右側。對方左側踹若擊我身體中線的右側，我可用裡抄接蹬腿的方法抄接來腿；對方右側踹若擊我身體中線的左側，我亦可用裡抄接蹬腿的方法抄接來腿。但若對方用左側踹擊我身體中線左側時（圖 2-644），我用裡抄接法就很困難。

這時應以右腿為軸，左腿側退半步，身體向左後擰閃，以使來腿發空。右臂屈肘上豎，外格對方腿部，左手向前抄插，屈肘抱住來腿（圖 2-645、圖 2-646）。這種方法又叫前

圖 2-646　　　　　　　圖 2-647

格後抄法。

⑥　潛閃躲腿

在時間緊迫，對方來腿角度很高，力度很強，抄接或拍格來腿都容易失敗的時候，就可動用潛閃躲腿的技術使來腿發空，然後乘隙而入，抱其支撐腿後拉，或近身前撞將對方擊倒（具體技法將在後面介紹）。

下面我們就幾種可利用潛閃技術的躲腿方法為大家作一簡略介紹。如，敵我對峙，對方突然轉身（圖 2-647）。在這種情況下，他一般可能使用轉身鞭拳或後轉身掃擺腿攻擊我。這時，若判斷及時，可先後閃讓過來拳或來腿後再伺機反擊。若時間緊迫，則可乾脆採用下潛的技術躲過來腿。其基本要領是：向對方身體前靠一步，然後逆其來腿的方向下潛運動（圖 2-648）。

圖 2-648

圖 2-649

圖 2-650

圖 2-651

　　注意： 下潛時要盡量貼對方的襠部死角運動。對方右擺腿來時則向右下潛側閃（圖 2-649、圖 2-650）。對方的裡合腿或高邊腿擊來時，亦可用此法（圖 2-651）。

圖 2-652

圖 2-653

圖 2-654

⑦　側閃抄腿

敵我對峙（圖2-652），對方前點腿擊胸。我在其腿即
將擊中身體的瞬間突然右後轉體，左腳向左前方邁一步，令
來腿從我體前擊空（圖2-653），左臂順勢屈肘上抄來腿
（圖2-654）。

圖 2-655

圖 2-656

⑧　憋氣夾腿

敵我對峙（圖2-655），對方突發左邊腿擊肋。若我此時已來不及防格或躲閃，應立即憋氣鼓勁，以減少打擊對我內臟的震動，同時用手臂下夾來腿（圖2-656）。

這種情況在實戰中隨處可見，所以平時應加強抗擊打練習。

圖 2-657

⑨　提膝接腿

對方右側踹擊胸，可一邊用右肘向下砸擊來腿踝關節，一邊速提左膝格接來腿（圖2-657）。

如果對方是用左高側踹擊頭，則可在提膝防格來腿的同

圖 2-658

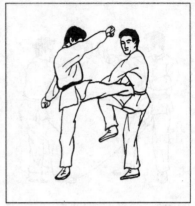

圖 2-659

圖 2-660

圖 2-661

時微微後閃，以使來腿落空（圖 2-658）。

　　對方左邊腿擊腹時，則需在提膝防格的同時，用雙肘緊護胸腹要害（圖 2-659、圖 2-660）。

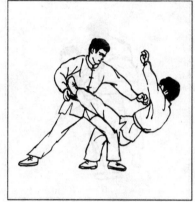

圖 2-662

圖 2-663

二、常見接腿摔法

1 夾腿前推

對方左邊腿已擊中我的右肋，我可運用憋氣夾腿的方法夾住來腿，左直拳同時擊對方頭部（圖 2-661）。接著左腳迅速上一大步，左掌推頜，令對方後倒（圖 2-662）。

圖 2-664

2 接腿別摔

敵我如圖 2-663 對峙，對方發右邊腿擊腰，我運用外抄接邊腿之法接住來腿（圖 2-664），然後迅速向左跳換步轉身（圖 2-665）。右腳後插，阻擋住對方的左腿，髖關節頂住其大腿根部，左手抱腿左別（圖 2-666）。身體繼續左

圖 2-665

圖 2-666

圖 2-667

圖 2-668

轉，右手抱胸旋轉，使對方從我髖關節上方反摔而出（圖 2-667）。

③　接腿搖涮

敵我如圖 2-668 對峙，對方左邊腿擊頭，我用裡抄接邊

圖 2-669

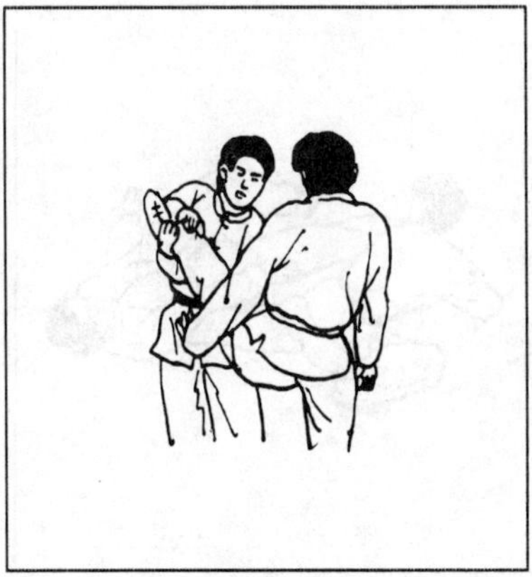

圖 2-670

圖 2-671

圖 2-672

腿之法，右手格，左手抄抱來腿（圖 2-669）。然後雙手屈腕對合握住其踝關節部位（圖 2-670），由右上方向下、向左上方弧形搖涮其腿，使其重心來不及順應和調整而翻倒在地（圖 2-671）。圖 2-672、圖 2-673 為接腿搖涮反方向附圖。

圖 2-673

圖 2-674

圖 2-675

圖 2-676

④ 接腿擊胸

敵我如圖 2-674 對峙，對方右蹬腿擊來，我身體左側閃，用外抄接蹬腿之法接住來腿（圖 2-675）。接著左腳前催一步，右手騰出對其胸口打去（圖 2-676）。對方右腿被控制，胸口被擊後仰，左腳又單腿支撐無法調節重心，必然

圖 2-677

圖 2-678

圖 2-679

倒地（圖 2-677）。

5　接腿順牽

　　敵我如圖 2-678 對峙，對方用左蹬腿擊胸，我身體左後側閃，用外抄接蹬腿之法接住來腿（圖 2-679），然後順其來腿之勢，向我左側後拉其腿，使其滑倒在地（圖 2-680）。

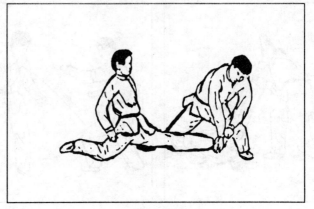

圖 2-680

圖 2-681

圖 2-682

⑥ 接腿鑔腳

敵我如圖 2-681 對峙，對方突然上步，右側踹擊胸，我
可身體向左擰閃，用裡抄接腿之法，前手格，後手抄抱接住
來腿（圖 2-682），上步右鑔腿攻擊其支撐腿（圖 2-683），

圖 2-683

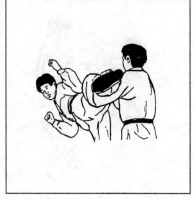

圖 2-684

圖 2-685

圖 2-686

將其鏟倒。

　　若對方左蹬腿擊胸，我也可身體側閃，用外抄接蹬腿之法，前手格，後手抄抱接住來腿（圖 2-684），然後左腳上前半步，右勾踢腿鏟擊其支撐腿（圖 2-685），將其打倒（圖 2-686、圖 2-687）。

圖 2-687

圖 2-688

圖 2-689

圖 2-690

⑦ 接腿抹脖

　　對方欲右邊腿擊腰（圖 2-688），我身體向右側閃，然後以外抄接邊腿之法左臂格接來腿（圖 2-689），接著沉身前靠，左手轉臂抄抱其腿，右直拳擊面（圖 2-690）。趁對方頭部後閃之際，右拳變掌，反勾其頸部後拉，身體右轉，

圖 2-691

圖 2-692

左臂外推其腿，右腳同時前鏟其支撐腿（圖2-691），三勁合一，將對方摔倒在地（圖2-692）。

⑧ 引攻抄腿攻

實戰中，接腿別摔和接腿抹脖一定要配合戰術運用，方能真正做到克敵制勝。引攻抄腿正是這樣一種戰術和技法具體結合的方法。

先讓我們來看看引攻別腿摔。敵我如圖對峙，我可先墊步右踹腿擊腰，對方若高明，必先吞身拍腳（圖2-693、圖2-694），然後乘我落腿之機用右邊腿擊胸（圖2-695）。我可在落腿的同

圖 2-693

圖 2-694　　　　　　　　　圖 2-695

圖 2-696　　　　　　　　　圖 2-697

時左手緊貼肋部，用外抄接邊腿的方法抄抱來腿（圖 2-
696）。一旦抱住來腿，立即身體左轉，跳換步，將右腳插入
對方的襠部之中，右手同時攔抱其腰部（圖 2-697），臀部
緊貼其大腿根部，左手夾腿，右手攔摔，右腿後別，身體猛
向左後擰轉，將對方摔倒在地（圖 2-698）。

圖 2-698

圖 2-699

圖 2-700

圖 2-701

　　引攻抹脖也是實戰中常見的技法。

　　敵我如圖 2-699 對峙，我右側踹擊腰，對方必然後閃拍腿（圖 2-700）。對方拍腿後如順勢回邊腿擊腰，我則可左臂貼腰抄抱來腿，身體同時前傾（圖 2-701），右沖拳擊頭。對方若偏頭閃過，我則變沖拳為勾手，反勾其頭頸部

圖 2-702

圖 2-703

圖 2-704

圖 2-705

（圖 2-702）回拉，左手抄腿上送，身體向右後擰轉，將對方摔倒在地（圖 2-703）。

⑨　撩腿摔

對方突然上步右蹬腿擊胸，我可在其提腿之際，身體側

圖 2-706

圖 2-707

圖 2-708

圖 2-709

閃（圖 2-704），右臂屈肘將來腿格於體外，左手向內抄抱
來腿（圖 2-705）。接著重心先順其腿略下沉，然後猛力向
上撩腿（圖 2-706），使對方向後摔倒（圖 2-707）。

　　此外，接腿後也可用右手托住對方腳踝部位（圖 2-
708、圖 2-709），進步向前、向上頂推其腿，使其摔倒（2-

圖 2-710

圖 2-711

圖 2-712

圖 2-713

710）。對方若用左蹬腿擊我，則用右手抄抱，左手托其腳踝
（圖 2-711），進步上頂，使其摔倒（圖 2-712）。

⑩　接腿旋壓

敵我如圖 2-713 所示對峙，對方左邊腿擊腰，我待其腿

圖 2-714

圖 2-715

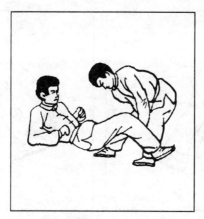

圖 2-716

打來之際，身體迅速向右擰轉，跳換步，右手格、左手抄接
來腿（圖 2-714）。接住來腿之後，右腿後擺半步，雙手將
來腿向我雙腿之中牽帶（圖 2-715），以左肩壓住對方大
腿，身體向右擰轉，雙手控腿向左、向我雙腿之間後方旋壓
牽帶，使對方向側後反旋而後倒（圖 2-716）。

圖 2-717

圖 2-718

圖 2-719

圖 2-720

11 接腿後靠

敵我如圖 2-717 所示對峙，對方右邊腿擊腰，我用外抄接邊腿之法抄接來腿（圖 2-718），然後重心略下沉，右腳向前上一步到對方支撐腿之後（圖 2-719），用後跟向後猛磕對方支撐腿（圖 2-720），右掌同時用寸勁猛擊對方胸

圖2-721

圖2-722

圖2-723

部，將對方打倒（2-721）。

12　抱腿胸壓

　　對方重心突然左移，抬腿欲用邊腿擊腰（圖2-722）。
我身體預先左轉，待對方之腿打到時，我用右臂向前抄抱，
左手向下夾抱，接住來腿（圖2-723）。然後雙手抱緊來

圖2-724

圖2-725

腿，身體向左擰轉，用胸部向左旋壓來腿，使對方倒地（圖2-724）。

⑬ 格腿進身靠

對方欲用側踹腿攻擊我，只要其攻擊預兆一出現，我即應做好側閃防腿的準備（圖2-725）。

當對方踹腿發出之際，我立即側閃並用右手向下、

圖2-726

向外拍格來腿（圖2-726）。當對方回腿的時候，我左腳向前進一大步，右臂可順其大腿同時向前靠擊對方的襠部，令其摔倒（圖2-727）。使用格腿進身靠的技術時，對於對方的進攻意圖一定要判斷準確，如，敵我均以左架開手的時候（圖2-728），我就應該估計到他一般會用蹬腿或邊腿進

圖2-727

圖2-728

圖2-729

圖2-730

攻，他如果真以邊腿擊頭，我則可搶進半步，略下蹲躲過來腿（圖2-729），雙手抱其大腿，以肩前撞其襠部，使他摔倒在地（圖2-730）。

圖 2-731

圖 2-732

圖 2-733

圖 2-734

⑭　下潛後抱腿

　　對方欲以右邊腿擊頭，我即應做好充分的心理準備（圖2-731），當其腿發出之際，我迅速往其襠部死角下潛（圖2-732）。然後雙手抱住來腿，逆其邊腿方向往後猛拉（2-733）令對方向前仆倒（圖2-734）。

圖2-735

圖2-736

15　側閃前撞

對方右邊腿擊腰，我不但不退，反而迎進身去，用左頂肘猛擊對方面部（圖2-735）。若前撞勢足，可令對方後倒（圖2-736）。

圖2-737

16　彈襠攻面

敵我對峙（圖2-737），對方以右邊腿擊腰，我可身體右側閃，用左手向外抄接來腿（圖2-738）。

一旦抄接住來腿，立即用左邊腿由對方內側直襲其襠部要害（圖2-739）。

然後身體前壓，用沖拳擊面，右腳勾踢其支撐腿，令其

圖 2-738

圖 2-739

圖 2-740

圖 2-741

後倒（圖 2-740）；或身體落腳左擰，用右邊腿擊面，令其後倒（圖 2-741）。

17 腿擊前頂

對方右邊腿擊頭，我可雙手護面防格來腿，下面同時用

圖2-742

圖2-743

左割踢攻擊其大腿（圖
2-742）。

　　然後左腳下壓，身體
前撲，雙手控腳前頂（圖
2-743），即可令對方後
倒。

18　格腿反攔胸

　　對方左正蹬腿擊胸，
我可當其腿即將擊中我身
體之際突然向右偏閃，使

圖2-744

來腿擊空（圖2-744）。然後身體催步上前，左手由對方腋
下伸出反攔其胸，右手後拉其肩，即可令其後倒（圖2-
745、圖2-746）。

圖 2-745

圖 2-746

圖 2-747

圖 2-748

⑲ 夾腿擊頭

對搏中對方用右邊腿擊腰，我可身體側閃，同時用左肘下坐來腿（圖 2-747）。

坐腿之後，左臂將腿緊緊夾住（圖 2-748），身體前壓，用右直拳攻擊對方面門（圖 2-749）。

圖 2-749

圖 2-750

圖 2-751

⑳　對踢夾腿擺拳

實戰中，對方用右邊腿擊頭，我可在身體側後閃的同時用右低踢腿反擊其支撐腿膝關節（圖 2-750）。然後身體順勢向左擰轉，左手由下向上屈肘夾腿，右擺拳猛擊其頭，令其後倒（圖 2-751、圖 2-752）。

圖 2-752

21 夾腿頂襠變勁摔

實戰中不慎被對方左邊腿擊中腰部，應憋氣夾腿，同時用左直拳反擊其面門（圖 2-753）。

若直拳未能將對方打倒，應立即提膝撞擊對方的襠部要害（圖 2-754）。然後夾腿向右後猛擰腰轉胯，令對方單腳支撐無法穩定重心而反旋倒地（圖 2-755）。

圖 2-753

三、地趟摔法

地趟摔法主要用於實戰及不慎倒地時，面對對方的攻擊或不法侵害而實施的擊倒技術，常見的方法有：

圖 2-754

圖 2-755

圖 2-756

① 抓胸蹬腹

　　與敵相搏中不慎倒地，應一腿屈、一腿伸，隨時保持戒備（圖2-756）。

　　敵若俯身下擊，我應微撐起抓其胸部，以一腿蹬住其腹

圖 2-757

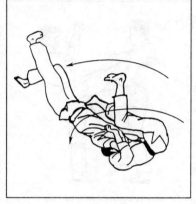

圖 2-758

部（圖 2-757），雙手抓住
對方胸部使勁後拉，身體後
躺，腳向上、向後蹬其腹，
令其由我身體上方翻摔而出
（圖 2-758）。

② 擊面蹬膝

不慎倒地後，對方用右
踩腿擊胸，我可夾肘屈膝防
護（圖 2-759）。

圖 2-759

對方踩腳不成，欲俯身
拳擊，我應搶先向右翻滾，用左直拳攻擊其面部（圖 2-
760）。

身體再向左翻滾，用右腿猛端其膝關節內側，令其側倒
（圖 2-761）。

圖 2-760

圖 2-761

圖 2-762

③　夾腿翻滾

　　不慎倒地後，可兩腳上下夾住對方靠我最近的那隻腳
（圖 2-762），身體猛地向右翻滾一周，左腳向前，右腳向
後將對方絞翻倒地（圖 2-763）。

圖 2-763

圖 2-764

圖 2-765

④　勾襠側踢

　　不慎倒地，應有意置一腿於對方襠內（圖2-764）。當
其欲俯身下擊時，突然起腳向前、向左猛踢他襠部，令其側
前倒地（圖2-765）。

圖 2-766

圖 2-767

⑤　**攔腳推膝**

　　不慎倒地時，應抓握對方
離我手最近的一隻腳腕，下面
的腳伸到他另一隻腳後方（圖
2-766），身體向右滾翻，同
時用左肘猛擊其膝關節，令其
向後倒地，我則順勢起身用手
卡壓其咽喉，（圖2-767）。

圖 2-768

⑥　**抓腕翻滾砸頭**

　　不慎倒地後，對方俯身卡喉，我可起腿攻擊其腰肋部
（圖2-768）。然後身體向右翻滾，右腳向下後踢對方左支
撐腿，雙臂交叉緊夾其雙手（圖2-769）。

　　身體繼續翻滾，左腳再由其襠內前踢，即可令對方倒地
（圖2-770）。

圖 2-769

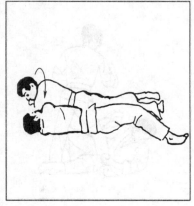

圖 2-770

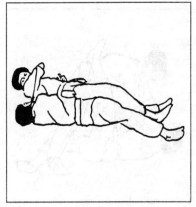

圖 2-771

圖 2-772

然後我身體繼續翻滾，順勢揚起右肘，倒砸其面（圖 2-
771）。

7 夾頭後蹬

不慎倒地後，對方俯身卡喉（圖 2-772），我可左手反
抓其手，右手撐胸，上身在地上平磨，屈起左腿夾住其頭猛

圖 2-773

圖 2-774

圖 2-775

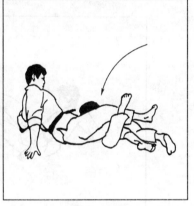

圖 2-776

向後蹬壓，可令其向後翻倒（圖 2-773、圖 2-774）。

⑧　翻身雙絞

不慎倒地，可將雙腿伸到對方襠內（圖 2-775），然後身體左後倒，雙腳用烏龍絞柱的方法猛絞其腿，可令對方側後倒地（圖 2-776）。

圖 2-777

圖 2-778

圖 2-779

⑨　抱腳頂膝

　　被歹徒抓髮前拖倒地（圖 2-777），可借其抓髮下按之勢，雙手緊抱其腳腕（圖 2-778），肩部向前猛撞其膝關節，即可令歹徒向後倒地（圖 2-779）。

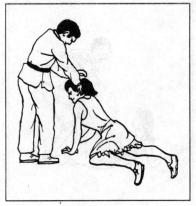

圖 2-780

圖 2-781

圖 2-782

⑩　圈腿翻滾

　　被歹徒拖翻在地（圖 2-780），可用手反向圈抱其離我最近的一條腿（圖 2-781），肘關節收緊，身體向側後翻滾一周，可令歹徒倒地（圖 2-782）。

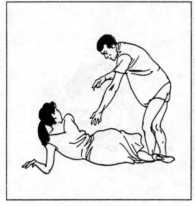

圖 2-783

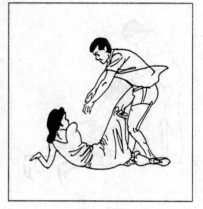

圖 2-784

圖 2-785

⑪　雙腿反剪

　　不慎倒地，應儘可能側伏於地，雙腳自然放於敵腳前後（圖2-783）。

　　當歹徒俯身前撲之際，左腳向上、向後反剪，右腳向前踢擊（圖2-784），即可令對方側後倒地（圖2-785）。

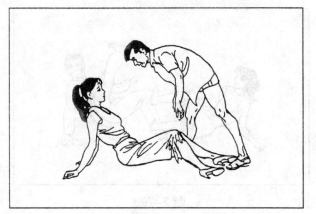

圖 2-786

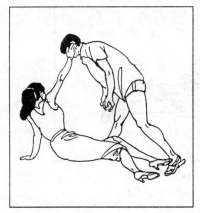

圖 2-787

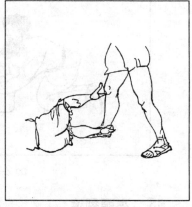

圖 2-788

12 揮掌挫蹬腿

後退倒地時，還來不及調整姿勢（圖2-786），歹徒已俯身向我撲來，這時我應立即向左翻身，順勢用右掌扇擊對方耳門（圖2-787）。同時收腳，一腳勾住其腳踝，另一腳上蹬其膝關節（圖2-788、圖2-789）。

圖 2-789

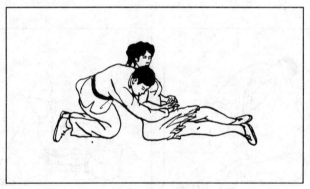

圖 2-790

⑬　夾頭翻滾

倒地後歹徒從身後撲上來，雙手抱住我腰部（圖 2-790）。我可身體猛左後轉，用左手反夾其頭（圖 2-791）。然後身體再向右夾頭翻滾，可令對方倒地（圖 2-792）。

⑭　夾頭蹬翻

被歹徒壓倒在地上（圖 2-793），可迅速收腹，用左腿

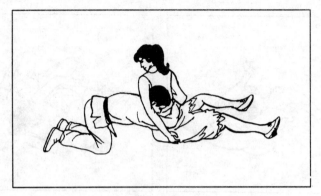

圖 2-791

圖 2-792

圖 2-793

圖 2-794

圖 2-795

圖 2-796

圖 2-797

膝彎反夾其頭頸部（圖 2-794）。然後左腿猛向下蹬，同時身體向左翻滾，可令歹徒憋氣倒地（圖 2-795）。

⑮　抱腳前鑽

　　被對方按倒，可在倒地瞬間雙手扣抱對方雙腳脖（圖 2-796）。然後雙腳猛蹬地面，身體前鑽，以肩部猛撞對方膝關節，令對方後倒（圖 2-797）。

第三章　空手奪凶器

歹徒進行犯罪活動，在徒手不能達其目的之時，往往亮出凶器，對目標進行威脅，甚至行凶殺人。

遇上這種情況，為了使你有辦法應付，這裡介紹一組徒手奪凶器的防衛招術。

為了能準確熟練地掌握這組動作，並能在實戰中臨危不懼，制敵取勝，讀者在弄懂文中的要領之後，可用報紙捲成紙筒，模仿匕首或菜刀的常用方法，在同伴間展開模擬訓練，直至十分精熟地掌握了動作要領，並能從同伴手中輕易地奪過紙筒時，再用木頭製作幾把匕首或菜刀，進行進一步的練習。只有經過這樣的訓練後，才能在實戰中達到保護自己，打擊犯罪分子的囂張氣焰的目的。

① **腳踢法**

匕首或菜刀都具有刀刃鋒利、威脅性大的特點。較好的方法是在歹徒剛掏出凶器的那一瞬間（此時歹徒抓握凶器的姿勢對我威脅性較小），或在其驕橫得意、掉以輕心的時候，突然起腳踢落其凶器，然後猛撲上前，擊打他的要害部位，使其瞬間喪失戰鬥力。

例如當歹徒手持匕首，上下拋動威脅我時，我突然起左腿，踢飛其匕首，然後猛撲上前，用右手戳擊其雙目，使其致殘（圖 3-1、圖 3-2、圖 3-3）。

圖3-1

圖3-2

② 側閃撞腹別臂

歹徒用匕首向我胸膛刺來，我可迅速向左側閃，右臂屈肘回抱歹徒持凶器之臂的前臂，左臂同時前擊其肘關節後部（圖3-4）。

圖 3-3

圖 3-4

圖 3-5

圖 3-6

　　右手緊抱其手腕，左手再以反背拳猛擊對方面部（圖 3-5），右膝再猛頂其腹（圖 3-6）。接著右手抱腕後拉，左掌向下猛按其上臂，令其手臂反扭被擒（圖 3-7）。

圖 3-7

圖 3-8

圖 3-9

圖 3-10

③　擒腕奪刃

　　歹徒右手正握匕首（刀把在虎口側）向我劈刺（圖3-
8）。我在其鋒刃將至之時突然向左前側偏閃然後用左手由外
向內拍推其上臂（圖3-9）。隨即左手順其手臂下捋，牽動
其臂向我體右外側下方移動。右手屈肘立腕，由下向上接握

圖 3-11

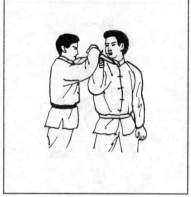

圖 3-12

圖 3-13

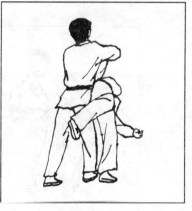

圖 3-14

對方手腕（圖 3-10）。左手猛拍其持刃腕背，然後雙手將其
腕向他胸前推去，右腳同時順勢進步於他右腿後側（圖 3-
11、圖 3-12）。

　　上動不停，我身體向左猛地擰轉，雙手握其腕順勢向左
後反擰。因其腕肘被擰翻過度，他必向後摔倒（圖 3-13、圖
3-14）。

圖 3-15

圖 3-16

圖 3-17

　　歹徒在倒地過程中抓握匕首必然不力，此時，我則用右手反扣其指，將匕首奪過來（圖 3-15）。

④　鎖臂奪刀

　　若是歹徒右手平握開關刀（刀尖在虎口側），準備平刺我（圖 3-16）。我待其刀尖將刺到時，突然收腹後閃，並用

圖 3-18

圖 3-19

圖 3-20

左手由上向下、掌心向左外格其手腕（圖3-17）。然後身體
立即前俯，右手由上向下插於他的手臂之外（圖3-18）。接
著右手勾住歹徒肘部上拉，同時左手靠住其手腕向前下推逼
（圖3-19）。這一推一拉所產生的反向摩擦力，將使他向後
屈肘（圖3-20）。

圖 3-21

圖 3-22

　　上動不停，我左臂屈肘，把住其肘關節上方，右手將匕首奪過來（圖3-21）。然後我身體前壓，用左肘肘彎處別住他的手腕。左肘回拉，將其肘拉於我的腰間，右手持匕首，將歹徒押送公安機關（3-22）。

　　⑤　**擊喉鎖肩奪匕首**

圖 3-23

　　對方平握匕首前刺我胸腹，我可左手由上向下、向外拍格來手，使匕首刺空（圖3-23）。然後身體前靠，右掌插擊對方咽喉（圖3-24）。

　　趁對方仰頭之際，右手由其腋下插入並上挑其臂（圖3-25），左手推腕，右臂內翻屈肘，反鎖對方肩關節（圖3-26）。

圖3-24

圖3-25

圖3-26

圖3-27

⑥　擊面拉肘防下戳

　　歹徒立握匕首迎面向我戳來，我可用左手由下往上截格
對方前臂，右拳同時攻擊對方面部（圖3-27）。

　　趁對方仰臉之際，右手由下勾拉對方右臂（圖3-28），
左手上推，令對方手肘過度立肘後倒（圖3-29），然後雙手

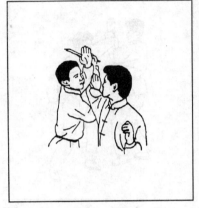

圖 3-28

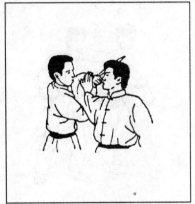

圖 3-29

圖 3-30

圖 3-31

合掌下搬對方右腕，同時身體向左擰轉，令對方側摔倒地（圖 3-30）。

⑦ 擊肋卡喉

歹徒從我身後正握匕首下扎（圖 3-31）我在感覺到危險

圖 3-32

圖 3-33

的當頭，應迅速左後轉身180°，左手從歹徒持匕首腋下穿過摟住其腰，右掌卡擊其咽喉（圖 3-32），隨即提起右膝，猛攻他左肋（圖 3-33）。

圖 3-34

右手繼續卡撐其喉，左手摟腰回拉。當其身體反弓到重心落出底基時，我左手一鬆，對方必向後栽倒（圖 3-34）。

⑧　頂襠擊腦奪刀

當歹徒右手舉菜刀威脅我時，我正氣凜然，怒視對方（圖 3-35）。若歹徒揮刀向我劈來，此刻不要慌亂，可靠前一步，迅速低頭下蹲，並向左躲閃，從他腋窩下方鑽出（圖 3-36）。

圖 3-35

圖 3-36

圖 3-37

圖 3-38

　　一旦躲過歹徒砍來的第一刀，即刻起身一手抓其肩，一手推其臂，使其刀無法向我反劈。然後迅速抬起右膝，迎撞他的襠部（圖 3-37）。

　　撞擊歹徒之後，右腳向前斜插落下，擋住他的前腳。然後運用腰勁，雙手隨右腳下落之勢，猛劈他的後腦勺（圖 3-

38）。

⑨ 接腕逼摔奪刀

若是歹徒手握菜刀威
逼我（圖3-39），我始
終和他保持一步的距離。
待其剛揚手舉刀之時，即
刻搶上前去，以左手抓住
其持刀的手腕向左外側橫
推（圖3-40），右腳同
時上前一步，右腳置於對

圖3-39

方腳後方，右臂借上步之勢攔擊他的咽喉（圖3-41）。

上動不停，身體向左使勁擰轉，右臂別住其咽喉向左下
壓，使其向側後方倒地（圖3-42）。

圖3-40

圖3-41

圖 3-42

圖 3-43

圖 3-44

⑩　撈腿摔奪刀

　　歹徒右手握菜刀向我劈來（圖3-43），我左臂屈肘上
豎，扣腕，從其右臂內側迎上前去，反腕搭住其前臂內側。

圖 3-45

圖 3-46

左腳同時上前一大步，整個
身體靠向他的肩胸處。右手
直臂下插，反掌別住其右腿
外側（圖 3-44），左手握
住他右腕內側向左後方牽
動。接著身體向左後猛地擰
轉，右手同時別住其大腿並
向上撈提，使其向側後摔倒
（圖 3-45、圖 3-46）。

圖 3-47

⑪　橫肘擊頜奪刀

　歹徒右手揮刀向我劈來
（圖 3-47），我左臂屈肘上豎，扣腕，掌心反向前方，從敵
右臂內側迎上前去，反掌搭住其腕內側；左腳上一大步，上
身靠近其肩胸；右臂屈肘，借身體上靠之勢，以肘尖橫擊其

圖 3-48

圖 3-49

下頜關節或頸部（圖 3-48）。

　　歹徒下頜被擊，身體必然後仰，此時，我可迅速抬起右膝，頂撞他的襠部或小腹（圖 3-49）。

12　擊腹頂胸防砍

　　若是歹徒持刀向我橫劈，如我不便前靠躲閃，也可身體後仰躲過（圖 3-50）。待其

圖 3-50

刀鋒剛過，我即俯身前靠，進入他不能傷害我的死角（圖 3-51、圖 3-52）。

　　此時即使歹徒將刀反劈回來，對我也不會造成很大的威脅。我只需用左手將其肘尖擋住，就能制止其刀的反劈。這時，我則迅速蹲身，用右勾拳擊打歹徒腹腔神經叢區，使其

圖 3-51

圖 3-52

圖 3-53

圖 3-54

全身無力，肌肉痙攣（圖3-53）。

　　另外，還可抬起右膝，猛撞他的心胸或襠部（圖3-54）。

圖 3-55

圖 3-56

⑬ 推臂逼靠防砍

假如歹徒揮刀向我劈來
（圖 3-55），我則向後仰
身，閃過其刀（圖 3-56）。

待其刀鋒一過，我立即趨
步上前，用左手順其上臂往下
推壓他的右臂（圖 3-57）。
（他的上臂因在其右臂活動半
徑中心，故很容易掌握其規
律。此時順他的肩向下將按，
很容易控制其臂，使其刀無法

圖 3-57

傷害於我，這正是拳諺中的「固中節，走兩翼」）。

然後我身體向左擰轉，右掌順歹徒手臂上方拍擊其面部
（圖 3-58）。其面被擊，他的身體必然後仰，此時我則用左
膝靠住他的右腿外側，身體向左後擰轉。左臂伸直，由下向
上、向左後方反別歹徒，使其向側後翻倒（圖 3-59）。

圖 3-58

圖 3-59

圖 3-60

圖 3-61

⑭ 拉臂摔奪刀

若是歹徒揮刀向我劈來（圖3-60），我可左臂屈肘上豎，探掌扣腕，從其右臂內側迎上前去，反掌搭住其前臂；同時，右腳上前一步，身體靠於他的右肩內側（圖3-61）。

圖 3-62

圖 3-63

上動不停，右臂從歹徒右腋下穿出（圖 3-62），我左臂緊靠他右腕上推，右臂屈肘回拉，用這一推一拉所產生的反向摩擦力，迫使歹徒手臂外旋超過其屈肘的限度，然後我雙手於他手臂上方交合（圖 3-63）。接著將其手腕下壓，右臂上抬，同時我身體向左側擰轉，歹徒在肩肘關節過度擰

圖 3-64

翻的狀況下，會失去重心而跌倒（圖 3-64）。

15 潛閃奪刀

歹徒欲用刀劈頭（圖 3-65），當其劈下的瞬間，我可突然蹲身潛閃前靠，頭部向其腋窩死角處躲閃（圖 3-66）。不

圖 3-65

圖 3-66

圖 3-67

圖 3-68

待其收手，我迅速從其身體側後鑽出，雙手同時抓拍其手肘後部（圖3-67），令其無法轉刀傷害我，然後迅速提膝猛擊歹徒襠部要害（圖3-68）。不論擊中與否，左手往後按壓其持刀臂，右拳貫擊對方面部，可將其重創（圖3-69、圖3-70）。

圖 3-69

圖 3-70

大展出版社有限公司
品冠文化出版社

圖書目錄

地址：台北市北投區(石牌)　　電話：(02) 28236031
　　　致遠一路二段 12 巷 1 號　　　　　28236033
郵撥：01669551＜大展＞　　　　　　28233123
　　　19346241＜品冠＞　　　傳真：(02) 28272069

・熱 門 新 知・品冠編號 67

1.	圖解基因與 DNA	（精）	中原英臣主編	230 元
2.	圖解人體的神奇	（精）	米山公啟主編	230 元
3.	圖解腦與心的構造	（精）	永田和哉主編	230 元
4.	圖解科學的神奇	（精）	鳥海光弘主編	230 元
5.	圖解數學的神奇	（精）	柳 谷 晃著	250 元
6.	圖解基因操作	（精）	海老原充主編	230 元
7.	圖解後基因組	（精）	才園哲人著	230 元
8.	圖解再生醫療的構造與未來		才園哲人著	230 元
9.	保護身體的免疫構造		才園哲人著	230 元

・生 活 廣 場・品冠編號 61

1.	366 天誕生星	李芳黛譯	280 元
2.	366 天誕生花與誕生石	李芳黛譯	280 元
3.	科學命相	淺野八郎著	220 元
4.	已知的他界科學	陳蒼杰譯	220 元
5.	開拓未來的他界科學	陳蒼杰譯	220 元
6.	世紀末變態心理犯罪檔案	沈永嘉譯	240 元
7.	366 天開運年鑑	林廷宇編著	230 元
8.	色彩學與你	野村順一著	230 元
9.	科學手相	淺野八郎著	230 元
10.	你也能成為戀愛高手	柯富陽編著	220 元
11.	血型與十二星座	許淑瑛編著	230 元
12.	動物測驗―人性現形	淺野八郎著	200 元
13.	愛情、幸福完全自測	淺野八郎著	200 元
14.	輕鬆攻佔女性	趙奕世編著	230 元
15.	解讀命運密碼	郭宗德著	200 元
16.	由客家了解亞洲	高木桂藏著	220 元

・女醫師系列・品冠編號 62

1.	子宮內膜症	國府田清子著	200 元
2.	子宮肌瘤	黑島淳子著	200 元

3. 上班女性的壓力症候群	池下育子著	200元
4. 漏尿、尿失禁	中田真木著	200元
5. 高齡生產	大鷹美子著	200元
6. 子宮癌	上坊敏子著	200元
7. 避孕	早乙女智子著	200元
8. 不孕症	中村春根著	200元
9. 生理痛與生理不順	堀口雅子著	200元
10. 更年期	野末悅子著	200元

・傳統民俗療法・ 品冠編號 63

1. 神奇刀療法	潘文雄著	200元
2. 神奇拍打療法	安在峰著	200元
3. 神奇拔罐療法	安在峰著	200元
4. 神奇艾灸療法	安在峰著	200元
5. 神奇貼敷療法	安在峰著	200元
6. 神奇薰洗療法	安在峰著	200元
7. 神奇耳穴療法	安在峰著	200元
8. 神奇指針療法	安在峰著	200元
9. 神奇藥酒療法	安在峰著	200元
10. 神奇藥茶療法	安在峰著	200元
11. 神奇推拿療法	張貴荷著	200元
12. 神奇止痛療法	漆 浩 著	200元
13. 神奇天然藥食物療法	李琳編著	200元

・常見病藥膳調養叢書・ 品冠編號 631

1. 脂肪肝四季飲食	蕭守貴著	200元
2. 高血壓四季飲食	秦玖剛著	200元
3. 慢性腎炎四季飲食	魏從強著	200元
4. 高脂血症四季飲食	薛輝著	200元
5. 慢性胃炎四季飲食	馬秉祥著	200元
6. 糖尿病四季飲食	王耀獻著	200元
7. 癌症四季飲食	李忠著	200元
8. 痛風四季飲食	魯焰主編	200元
9. 肝炎四季飲食	王虹等著	200元
10. 肥胖症四季飲食	李偉等著	200元
11. 膽囊炎、膽石症四季飲食	謝春娥著	200元

・彩色圖解保健・ 品冠編號 64

1. 瘦身	主婦之友社	300元
2. 腰痛	主婦之友社	300元
3. 肩膀痠痛	主婦之友社	300元

4.	腰、膝、腳的疼痛			主婦之友社	300 元
5.	壓力、精神疲勞			主婦之友社	300 元
6.	眼睛疲勞、視力減退			主婦之友社	300 元

・心 想 事 成・品冠編號 65

1.	魔法愛情點心	結城莫拉著	120 元
2.	可愛手工飾品	結城莫拉著	120 元
3.	可愛打扮 & 髮型	結城莫拉著	120 元
4.	撲克牌算命	結城莫拉著	120 元

・少 年 偵 探・品冠編號 66

1.	怪盜二十面相	（精）	江戶川亂步著	特價 189 元
2.	少年偵探團	（精）	江戶川亂步著	特價 189 元
3.	妖怪博士	（精）	江戶川亂步著	特價 189 元
4.	大金塊	（精）	江戶川亂步著	特價 230 元
5.	青銅魔人	（精）	江戶川亂步著	特價 230 元
6.	地底魔術王	（精）	江戶川亂步著	特價 230 元
7.	透明怪人	（精）	江戶川亂步著	特價 230 元
8.	怪人四十面相	（精）	江戶川亂步著	特價 230 元
9.	宇宙怪人	（精）	江戶川亂步著	特價 230 元
10.	恐怖的鐵塔王國	（精）	江戶川亂步著	特價 230 元
11.	灰色巨人	（精）	江戶川亂步著	特價 230 元
12.	海底魔術師	（精）	江戶川亂步著	特價 230 元
13.	黃金豹	（精）	江戶川亂步著	特價 230 元
14.	魔法博士	（精）	江戶川亂步著	特價 230 元
15.	馬戲怪人	（精）	江戶川亂步著	特價 230 元
16.	魔人銅鑼	（精）	江戶川亂步著	特價 230 元
17.	魔法人偶	（精）	江戶川亂步著	特價 230 元
18.	奇面城的秘密	（精）	江戶川亂步著	特價 230 元
19.	夜光人	（精）	江戶川亂步著	特價 230 元
20.	塔上的魔術師	（精）	江戶川亂步著	特價 230 元
21.	鐵人Q	（精）	江戶川亂步著	特價 230 元
22.	假面恐怖王	（精）	江戶川亂步著	特價 230 元
23.	電人M	（精）	江戶川亂步著	特價 230 元
24.	二十面相的詛咒	（精）	江戶川亂步著	特價 230 元
25.	飛天二十面相	（精）	江戶川亂步著	特價 230 元
26.	黃金怪獸	（精）	江戶川亂步著	特價 230 元

・武 術 特 輯・大展編號 10

1.	陳式太極拳入門	馮志強編著	180 元
2.	武式太極拳	郝少如編著	200 元

國家圖書館出版品預行編目資料

峨眉拳實用技擊法／吳信良　著
　　——初版，——臺北市，大展，2005 年〔民 94〕
　　　　面；21 公分，——（實用武術技擊；11）
　　　ISBN　957 - 468 - 415 - 6（平裝）

　1. 拳術—中國
528.97　　　　　　　　　　　　　　94017311

峨眉拳實用技擊法　　　ISBN 957 - 468 - 415 - 6

著　　者／吳　信　良
責任編輯／朱　曉　峰
發 行 人／蔡　森　明
出 版 者／大展出版社有限公司
社　　址／台北市北投區（石牌）致遠一路 2 段 12 巷 1 號
電　　話／（02）28236031 · 28236033 · 28233123
傳　　眞／（02）28272069
郵政劃撥／01669551
網　　址／www.dah-jaan.com.tw
E - mail／service@dah-jaan.com.tw
登 記 證／局版臺業字第 2171 號
承 印 者／高星印刷品行
裝　　訂／建鑫印刷裝訂有限公司
排 版 者／弘益電腦排版有限公司
授 權 者／北京人民體育出版社
初版 1 刷／2005 年（民 94 年）11 月

定價／300 元